全国“八五”普法学习读本系列

法律明白人

应知应会民法典婚姻家庭继承实用手册

全国“八五”普法学习读本编写组　编

法律出版社
LAW PRESS · CHINA
北京

图书在版编目(CIP)数据

法律明白人应知应会民法典婚姻家庭继承实用手册 / 全国“八五”普法学习读本编写组编. -- 北京 : 法律出版社, 2022(2025.9 重印)
ISBN 978-7-5197-6618-4

Ⅰ. ①法… Ⅱ. ①全… Ⅲ. ①婚姻法-中国-通俗读物②继承法-中国-通俗读物 Ⅳ. ①D923.905

中国版本图书馆 CIP 数据核字(2022)第 062085 号

法律明白人应知应会民法典婚姻家庭继承实用手册
FALÜ MINGBAIREN YINGZHI YINGHUI MINFADIAN HUNYIN JIATING JICHENG SHIYONG SHOUCE

全国“八五”普法学习读本编写组 编

策划编辑 沈小英
责任编辑 陈 妮
装帧设计 汪奇峰

出版发行 法律出版社
编辑统筹 法治与经济出版分社
责任校对 晁明慧
责任印制 吕亚莉
经　　销 新华书店

开本 A5
印张 7.75　**字数** 159 千
版本 2022 年 6 月第 1 版
印次 2025 年 9 月第 4 次印刷
印刷 河北虎彩印刷有限公司

地址:北京市丰台区莲花池西里 7 号(100073)
网址:www.lawpress.com.cn
投稿邮箱:info@lawpress.com.cn
举报盗版邮箱:jbwq@lawpress.com.cn
销售电话:010-83938349
客服电话:010-83938350
咨询电话:010-63939796

书号:ISBN 978-7-5197-6618-4
定价:49.80 元
凡购买本社图书,如有印装错误,我社负责退换。电话:010-83938349

撰稿人

贺　剑　凌骏达

编写说明

2020年11月16日至17日召开的中央全面依法治国工作会议，明确了习近平法治思想在全面依法治国工作中的指导地位，这是我国社会主义法治建设中具有现实意义和深远意义的大事。习近平法治思想是马克思主义法治理论中国化的最新成果，是习近平新时代中国特色社会主义思想的重要组成部分，是全面依法治国的根本遵循和行动指南。

在习近平新时代中国特色社会主义思想指引下，为深入学习贯彻习近平法治思想，我们编写了《法律明白人应知应会民法典婚姻家庭继承实用手册》，以落实《中央宣传部、司法部关于开展法治宣传教育的第八个五年规划（2021—2025年）》，切实抓好普法学习宣传，维护好公民的民事权益，增强其法治观念，提升其法治素养，践行社会主义核心价值观。“法律明白人”培养工作被纳入法治社会建设和乡村振兴总体规划，作为加快推进乡村人才振兴工作的重要内容，也是加强基层普法工作队伍建设、健全精准有效普法工作体系的重要举措。“法律明白人”应在宣传习近平法治思想、法律、法规、党的政策，引导法律服务，化解矛盾纠纷，提高法律意识,参与社会治理中发挥示范引领作用,以推动农村形成办事依法、遇事找法、解决问题用法、化解矛盾靠法的法治环境。

本书的编写特色与特点:

第一,案例贴近现实,多选取人民群众日常生活中的常见纠纷,附带涉及一些社会关注度高的新问题。60 个聚焦生活的婚姻家庭继承法律问题,涵盖了《中华人民共和国民法典》等法律法规的主要规范。"法律分析"力求以通俗语言阐释专业内容。鉴于法律解释和适用的复杂性,不仅阐明共识,也说明争议;为了加深读者理解,还简述各种意见背后的道理。"知识链接"不仅涵盖通常的、全国适用的法律法规、司法解释,还适当提及地方性的但在实践中十分重要的地方性司法文件,从而确保本书的法律分析不只是"书本上的法律",还契合现实的司法实践。因此,本书是集法律法规与案例分析于一体的专业工具书。

第二,每个问题除设立"案例""法律分析""知识链接"等常规栏目外,特设"纠纷解决技巧"栏目,结合婚姻家庭继承纠纷解决的实际情况,引导读者理性地看待纠纷、科学地解决纠纷。每页配有笔记区,供读者学习时做笔记使用。每个问题均配有试题,方便读者检验学习成果,增强阅读印象。同时,本书附一套测试题,用于"法律明白人"自测、任前培训、上岗考核使用。

第三,深入浅出地讲解法律问题,把法律术语转化为生活语言、群众语言,力求简洁、平易;文风精炼,详略得当,重点突出,让读者轻松读、看得懂。

普法宣传是一个长期、持续的过程,任重道远。2020 年 12 月,中共中央印发了《法治社会建设实施纲要(2020—2025 年)》,明确提出到 2025 年,“八五”普法规划实施完成,法治观念深入人心,社会领域制度规范更加健全,社会主义核心价值观要求融入法治建设和社会治理成效显著,公民、法人和其他组织合法权益得到切实保障。希望本书能为中国特色社会主义法治体系建设、“法律明白人”培养、人民群众的权益维护发挥作用,作出应有的贡献。

全国“八五”普法学习读本编写组

2022 年 4 月

目录

Contents

1. 结婚前一定要做婚前财产公证吗? / 1
2. 举办过婚礼,并育有儿女,就算"事实婚姻"吗? / 5
3. 可以与精神失常的妇女结婚吗? / 10
4. 可否以对方隐瞒性功能障碍为由请求撤销婚姻? / 15
5. 当初用他人的身份证与女友登记结婚,现在能起诉"离婚"吗? / 19
6. 夫妻一方离家出走多年,另一方如何离婚? / 23
7. 抚养多年的孩子是妻子与第三人所生,法律上有何救济? / 27
8. 丈夫经常殴打妻子,妻子在法律上有何救济? / 31
9. "离婚冷静期"会阻碍我离婚吗? / 35
10. 离婚后,子女一定归男方抚养吗? / 39
11. 夫妻一方不支付子女抚养费,另一方可以拒绝其探望吗? / 44
12. 儿子虽已成年,但还在念大学,可以请求父母一方支付抚养费吗? / 47
13. 结婚后不久离婚,可以请求返还彩礼吗? / 50

14. 恋爱同居期间赠与的大额财物，分手时可否请求返还？/ 54
15. 恋爱同居期间双方的收入和财产怎么分？/ 58
16. 夫妻一方在婚后继承的遗产，离婚时是否应当平分？/ 61
17. 房屋是一方婚前财产，婚后加上另一方名字，离婚时怎么分？/ 65
18. 一方拒绝履行房产“加名”约定，另一方可否请求履行？/ 69
19. 夫妻之间订立的“忠诚协议”有效吗？/ 72
20. 一方父母赞助小夫妻购买婚房的首付款，法律归属如何？/ 76
21. “男方买房、女方买车”在法律上有什么利弊？/ 80
22. 一方婚前购买，婚后双方共同还贷的房屋，离婚时怎么分？/ 84
23. 夫妻婚后共同购买的房屋，离婚时如何分配？/ 88
24. 男方婚前继承果园，婚后的果园经营收入是否为夫妻共同财产？/ 92
25. 夫妻一方婚后中彩票的奖金是否为夫妻共同财产？/ 96
26. 夫妻一方发生交通事故所得保险金、赔偿金等，离婚时怎么分？/ 99
27. 夫妻一方以投资为名向他人借巨款用于赌博，另一方须为此负责吗？/ 102
28. 一方婚后投资失败所欠巨额债务，另一方须为此负责吗？/ 105
29. 夫妻一方擅自出售登记在其名下的家庭住房，另一方有权追

回房屋吗？/ 109
30. 夫妻一方向第三者赠与大额财产，另一方有权追回吗？/ 113
31. 可以不离婚，但请求分割夫妻共同财产吗？/ 116
32. 夫妻一方婚内出轨，离婚时另一方可以多分财产吗？/ 119
33. 夫妻一方承担了较多家务劳动的，离婚时可否要求补偿？/ 123
34. 离婚前夫妻一方转移财产，另一方有何法律救济？/ 127
35. 夫妻双方“假离婚”逃债，债权人有何法律救济？/ 130
36. “假离婚”买房，靠谱吗？/ 134
37. 夫妻离婚时签订的财产分割协议，可以反悔吗？/ 137
38. 老人将房屋赠与独生子女后，却被“扫地出门”，法律上有何救济？/ 140
39. 成年子女“啃老”，父母怎么办？/ 143
40. 养女成年后找到亲生父母，想解除收养关系，养父母该怎么办？/ 146
41. 老人去世未留下遗嘱，哪些人可以分遗产？/ 150
42. 孤寡老人去世留下巨额遗产，谁可以主张权利？/ 154
43. 遗产分割时应当保留胎儿的份额吗？/ 158
44. 儿子已去世，孙子可以分老人的遗产吗？/ 162
45. 如何确保独生女获得父母的全部遗产？/ 166
46. 父母一方去世而另一方健在，子女可以分遗产吗？/ 169
47. 遗产一定要在继承人之间平分吗？/ 173

48. 尽了主要赡养义务的丧偶儿媳及其子女,可否拿双份遗产?/ 178
49. 再婚家庭中的继子女、亲子女,分遗产时一视同仁吗?/ 182
50. 立遗嘱必须公证吗?/ 186
51. 让他人见证遗嘱的订立,应注意哪些事项?/ 190
52. 遗嘱中仅载明继承份额,遗产怎么分?/ 193
53. 亲人去世以后,其网络账户怎么办?/ 197
54. 夫妻二人可否共同立一份遗嘱?/ 201
55. 父母与子女签订协议,约定遗产由儿子继承,女儿不继承,有效吗?/ 205
56. 老人可以与部分子女签订遗赠扶养协议吗?/ 208
57. 父母卧病在床,可以不管不顾,将遗产全部留给孩子吗?/ 212
58. 儿女不孝,可以剥夺他的继承权吗?/ 216
59. "父债"一定"子还"吗?/ 220
60. 夫妻一方在离婚前放弃对父母遗产的继承,另一方有权阻止吗?/ 223

测试题 / 226

笔记区

▶ 1. 结婚前一定要做婚前财产公证吗?

案例

小张家境富裕,父亲老张开办了多家乡镇企业,是本地知名的农民企业家。小张与女友小李自由恋爱,打算结婚。老张对此非常支持,但是也有烦心事。他听人说,现在离婚率不低,一旦离婚,夫妻一方婚前婚后的所有财产都可能会被配偶分去一半。因此最好能在结婚前"明算账",做一份财产公证。老张觉得有道理,可他也知道,结婚是件喜庆的事情,而婚前财产公证有些"晦气"。老张为此伤神不已:婚前财产公证,究竟要不要做?

法律分析

根据《中华人民共和国民法典》第1062条、第1063条的规定,夫妻一方的婚前财产,属于夫妻个人财产,在离婚时由该方单独所有;夫妻一方婚后取得的财产,大部分属于夫妻共同财产,在离婚时原则上在夫妻间平均分配。所以,老张的担心不无道理。

但是,婚前财产公证通常是针对婚前财产,与夫妻一方婚后取得的财产无关。后者依照法律规定,原则上属于夫妻共同财产,由夫妻双方共同所有。而夫妻一方的婚前

笔记区

财产，无论有无公证，都属于其个人财产，在离婚时无须进行重新分配。

在此背景下，婚前财产公证的唯一用处在于，证明哪些财产是夫妻一方的婚前财产。此种证明可以避免特定婚前财产因证据问题而被推定为夫妻共同财产。因在实践中，如果一项夫妻财产的归属存疑，法院会推定其为夫妻共同财产。

其实，在婚前财产公证外，还有功能类似但对婚姻“副作用”影响更小的其他证明手段。例如，一切有登记或账户的财产，包括土地、房屋、汽车、股份、存款等，都完全无须借助婚前财产公证，而只需凭借其对应的权利登记或账户明细，就可被认定为婚前财产或婚后财产，而较重要的婚前财产通常都没有超出前述范围。所以，老张完全无须纠结婚前财产公证的事情，而可以放心、开心地帮着小两口操办喜事。

知识链接

《中华人民共和国民法典》

第一千零六十二条　夫妻在婚姻关系存续期间所得的下列财产，为夫妻的共同财产，归夫妻共同所有：

（一）工资、奖金、劳务报酬；

（二）生产、经营、投资的收益；

笔记区

(三)知识产权的收益;

(四)继承或者受赠的财产,但是本法第一千零六十三条第三项规定的除外;

(五)其他应当归共同所有的财产。

夫妻对共同财产,有平等的处理权。

第一千零六十三条 下列财产为夫妻一方的个人财产:

(一)一方的婚前财产;

(二)一方因受到人身损害获得的赔偿或者补偿;

(三)遗嘱或者赠与合同中确定只归一方的财产;

(四)一方专用的生活用品;

(五)其他应当归一方的财产。

第一千零八十七条 离婚时,夫妻的共同财产由双方协议处理;协议不成的,由人民法院根据财产的具体情况,按照照顾子女、女方和无过错方权益的原则判决。

对夫或者妻在家庭土地承包经营中享有的权益等,应当依法予以保护。

最高人民法院《关于适用〈中华人民共和国民法典〉婚姻家庭编的解释(一)》第三十一条 民法典第一千零六十三条规定为夫妻一方的个人财产,不因婚姻关系的延续而转化为夫妻共同财产。但当事人另有约定的除外。

笔记区

纠纷解决技巧

结婚时就考虑离婚的风险，包括财产的分配，实为人之常情。但是也要注意，现行法律尤其是婚姻法已经尽可能预先规定了大多数人都能够接受的财产安排（所谓法定夫妻财产制），以在先的、通常合理的法律规定代替了个案当事人在结婚时“讨价还价”，甚至争得面红耳赤才能够达成的财产分配约定。简言之，对大多数人来说，婚姻法所追求的目标正在于“不折腾”。如前所述，这同样适用于本案——只要小张没有特别的、无法基于登记或账户证明的大额婚前财产，大可不必进行婚前财产公证。

试题

夫妻一方的哪些财产，通常有必要做婚前财产公证？（ ）[①]

A. 房屋　　B. 汽车

C. 字画　　D. 存款

① 答案：C。

笔记区

▶ 2. 举办过婚礼，并育有儿女，就算“事实婚姻”吗？

案例

小丁出生于1985年，他的父母在一起已将近40年了。小丁盘算给父母过一个40周年结婚纪念日。在跟父亲就此闲聊时，小丁才得知，父母当年结婚时，只按照村里习俗举办过婚礼，并未在民政部门办理结婚登记。小丁当场提出父母应该去补办个登记，作为纪念。父亲则回道：这么大年纪了，没必要！事后，小丁跟身边的朋友又说起此事。朋友善意提醒道：按照我国的法律规定，没有办理结婚登记只能算“非法同居”，当事人之间不存在合法的婚姻关系。将来老人百年后，子女继承等都是问题。小丁这下着急了，真会这样吗？

法律分析

根据我国法律规定，结婚行为生效的要件之一，就是双方当事人办理结婚登记。但是，在20世纪90年代以前，也曾有过例外。当时，我国司法实践在一定范围内认可“事实婚姻”，使之在民事领域具有合法婚姻的效力。根据当时一系列司法解释的规定，未办理结婚登记的“事实婚

笔记区

姻”在夫妻财产分割、婚姻存续期间、继承等方面，都具有与合法婚姻相同的效力。

但是，在婚姻登记制度逐步建立之后，以 1994 年 2 月 1 日民政部《婚姻登记管理条例》的颁行为节点，“事实婚姻”就不再被承认。在该时间节点之后，当事人通过举办婚礼等方式形成的“夫妻”共同生活关系就不再是“事实婚姻”，而会被认定为“非法同居”。合法婚姻中夫妻之间的财产关系、继承权等法律规定，都不适用于非法同居关系。

在本案中，小丁父母的“夫妻”共同生活关系应在 1986 年之前，早于 1994 年。因此，二老之间存在“事实婚姻”，即使未办理结婚登记，其彼此之间的权利义务关系都如同合法婚姻中的夫妻。

知识链接

《中华人民共和国民法典》

第一千零四十九条　要求结婚的男女双方应当亲自到婚姻登记机关申请结婚登记。符合本法规定的，予以登记，发给结婚证。完成结婚登记，即确立婚姻关系。未办理结婚登记的，应当补办登记。

第一千零五十四条　无效的或者被撤销的婚姻自始没有法律约束力，当事人不具有夫妻的权利和义务。同居期间所得的财产，由当事人协议处理；协议不成的，由人民法院根据照顾无过错方的原则判决。对重婚导致的无效婚姻的财产处理，不得侵害合法婚姻当事人的财产权益。当事人所生的子女，适用本法关于父母子女的规定。

婚姻无效或者被撤销的，无过错方有权请求损害赔偿。

最高人民法院《关于适用〈中华人民共和国民法典〉婚姻家庭编的解释（一）》

第三条 当事人提起诉讼仅请求解除同居关系的，人民法院不予受理；已经受理的，裁定驳回起诉。

当事人因同居期间财产分割或者子女抚养纠纷提起诉讼的，人民法院应当受理。

第七条 未依据民法典第一千零四十九条规定办理结婚登记而以夫妻名义共同生活的男女，提起诉讼要求离婚的，应当区别对待：

（一）1994年2月1日民政部《婚姻登记管理条例》公布实施以前，男女双方已经符合结婚实质要件的，按事实婚姻处理。

（二）1994年2月1日民政部《婚姻登记管理条例》公布实施以后，男女双方符合结婚实质要件的，人民法院应当告知其补办结婚登记。未补办结婚登记的，依据本解释第三条规定处理。

笔记区

最高人民法院《关于人民法院审理未办结婚登记而以夫妻名义同居生活案件的若干意见》(1989年) 13.同居生活期间一方死亡,另一方要求继承死者遗产,如认定为事实婚姻关系的,可以配偶身份按继承法的有关规定处理;如认定为非法同居关系,而又符合继承法第十四条规定的,可根据相互扶助的具体情况处理。

最高人民法院《关于符合结婚条件的男女在登记结婚之前曾公开同居生活能否连续计算婚姻关系存续期间并依此分割财产问题的复函》(2002年)

……

我院同意你院审判委员会的第一种意见,即根据民政部1994年2月1日实施的《婚姻登记管理条例》、1989年11月21日我院《关于人民法院审理未办理结婚登记而以夫妻名义同居生活案件的若干意见》以及1994年4月4日我院《关于适用新的〈婚姻登记管理条例〉的通知》的有关规定,在民政部婚姻登记管理条例施行之前,对于符合结婚条件的男女在登记结婚之前,以夫妻名义同居生活,群众也认为是夫妻关系的,可认定为事实婚姻关系,与登记婚姻关系合并计算婚姻关系存续期间。

纠纷解决技巧

以夫妻名义共同生活的男女双方,无论是“事实婚姻”

笔记区

关系，还是“非法同居”关系，都应尽快补办婚姻登记。毕竟，在婚姻登记日益便利的今天，这并没有多麻烦。更重要的是，有了婚姻登记，“非法同居”就会被补正为合法的婚姻关系；“事实婚姻”也就得到了一层更有力的保障，而无须当事人额外举证证明“事实婚姻”的存在。因此，本案的小丁依然应督促父母尽早补办结婚登记，这不仅是一份纪念，更是法律上的保障。

试题

法律上承认的事实婚姻需要满足的条件包括？（　　）①

A. 男女双方在一起持续、稳定的共同居住行为始于1994年2月1日以前

B. 同居是以夫妻名义进行的

C. 双方同居时已经具备结婚的实质要件

D. 以上均是

① 答案：D。

笔记区

▶ 3. 可以与精神失常的妇女结婚吗?

案例

老张心地善良,但因家境问题,一直单身。一天,老张在街上看到一名精神失常的流浪妇女,蓬头垢面,正在垃圾桶里捡东西吃。老张可怜她,便将她带回家中悉心照料。过了一段时间,该妇女的身体状况明显好转,精神失常却不见好。老张琢磨,与其让她流落街头,不如同她结婚,这样对她、对自己都是一件好事。老张可以和该妇女结婚吗?

法律分析

结婚必须尊重本人意愿。而一个人能否表达自己的真实意愿,取决于其年龄、精神健康状况等多种因素。

根据《中华人民共和国民法典》的规定,18 周岁以上的自然人为成年人。通常来说,只有成年人才是完全民事行为能力人,可以独立实施各种民事法律行为。结婚也是民事法律行为的一种。不过,《中华人民共和国民法典》对结婚的年龄提出了更高要求,即"结婚年龄,男不得早于二十二周岁,女不得早于二十周岁"。未达到法定婚龄而结婚的,婚姻无效。

笔记区

除年龄外,精神状况也是影响自然人民事行为能力的关键因素,进而同样会影响其婚姻效力。在此背景下,一个人通常不能与精神失常的人结婚。具体而言,根据精神健康状况的不同,精神失常者可能是无民事行为能力人,完全不能从事任何民事法律行为(包括结婚);也可能是限制民事行为能力人,可以从事与其智力、精神健康状况相适应的民事法律行为。如果是间歇性精神病患者,在精神状态正常时如同完全民事行为能力人,可以从事包括结婚在内的各种民事法律行为。本案中,老张能否与该妇女结婚,同样取决于该妇女的精神状况。

另外,在刑法层面上,因为精神失常的妇女通常不具备自由意志,因此,与其发生性关系还属于"违背妇女意志",行为人须承担强奸罪的刑事责任。

知识链接

《中华人民共和国民法典》

第一千零四十六条 结婚应当男女双方完全自愿,禁止任何一方对另一方加以强迫,禁止任何组织或者个人加以干涉。

第一千零四十七条 结婚年龄,男不得早于二十二周岁,女不得早于二十周岁。

第一千零五十一条 有下列情形之一的,婚姻无效:

笔记区

（一）重婚；

（二）有禁止结婚的亲属关系；

（三）未到法定婚龄。

第二十一条第一款 不能辨认自己行为的成年人为无民事行为能力人，由其法定代理人代理实施民事法律行为。

第二十二条 不能完全辨认自己行为的成年人为限制民事行为能力人，实施民事法律行为由其法定代理人代理或者经其法定代理人同意、追认；但是，可以独立实施纯获利益的民事法律行为或者与其智力、精神健康状况相适应的民事法律行为。

第二十四条 不能辨认或者不能完全辨认自己行为的成年人，其利害关系人或者有关组织，可以向人民法院申请认定该成年人为无民事行为能力人或者限制民事行为能力人。

被人民法院认定为无民事行为能力人或者限制民事行为能力人的，经本人、利害关系人或者有关组织申请，人民法院可以根据其智力、精神健康恢复的状况，认定该成年人恢复为限制民事行为能力人或者完全民事行为能力人。

本条规定的有关组织包括：居民委员会、村民委员会、学校、医疗机构、妇女联合会、残疾人联合会、依法设立的老年人组织、民政部门等。

《中华人民共和国刑法》第二百三十六条 以暴力、胁迫或者其他手段强奸妇女的,处三年以上十年以下有期徒刑。

奸淫不满十四周岁的幼女的,以强奸论,从重处罚。

强奸妇女、奸淫幼女,有下列情形之一的,处十年以上有期徒刑、无期徒刑或者死刑:

(一)强奸妇女、奸淫幼女情节恶劣的;

(二)强奸妇女、奸淫幼女多人的;

(三)在公共场所当众强奸妇女、奸淫幼女的;

(四)二人以上轮奸的;

(五)奸淫不满十周岁的幼女或者造成幼女伤害的;

(六)致使被害人重伤、死亡或者造成其他严重后果的。

最高人民检察院《关于印发部分罪案〈审查逮捕证据参考标准(试行)〉的通知》五、强奸罪案审查逮捕证据参考标准 强奸罪,是指触犯《刑法》第236条的规定,违背妇女意志,使用暴力、胁迫或者其他手段,强行与妇女性交的行为。其他以强奸罪定罪处罚的有:(1)奸淫不满14周岁幼女的;(2)收买被拐卖的妇女,强行与其发生性关系的;(3)利用职权、从属关系,以胁迫手段奸淫现役军人的妻子的;(4)明知被害人是精神病患者或者痴呆者(程度严

笔记区

重)而与其发生性关系的;(5)组织和利用邪教组织,以迷信邪说引诱、胁迫、欺骗或者其他手段,奸淫妇女、幼女的。……

纠纷解决技巧

对精神失常、流落街头的人,好心予以收留、照料,这是应予弘扬的中华民族传统美德。但是,也一定不能越界,无视法律的规定及不顾精神失常者往往无法自主选择、自主决定的情况,让流浪女子"以身相许";更不能以违法违规的方式办理精神失常妇女的户籍证明、结婚登记等。否则,在民事法律层面,当事人之间不会产生婚姻关系;在行政管理和刑事法律层面,还对应更严苛的责任。此外,在此类违法"结婚"行为之前和之后的同居、生育等行为,也可能构成犯罪。因此,须时刻谨记,不能与精神失常的妇女结婚。

试题

下列选项中,哪些属于结婚所必须具备的条件?(多选)(　　)[1]

A. 双方均不构成重婚

B. 双方没有禁止结婚的亲属关系

C. 双方均达到法定婚龄

D. 双方均具有与结婚行为相适应的精神状态

---

① 答案:ABCD。

笔记区

4. 可否以对方隐瞒性功能障碍为由请求撤销婚姻?

案例

张女士与王先生经人介绍相识,确定恋爱关系一段时间后领证结婚。但王先生婚后一直拒绝与张女士同房。两人为此一直闹矛盾,直到被张女士发现自己服用的药物后,王先生才承认,自己在婚前就患有性功能障碍,一直在吃药,原以为结婚后就能有所改善,但没想到还是没有治愈。婚后,双方一直没有性生活。张女士向好友求助,得到的建议是:可以不"离婚",而是"撤销"婚姻。婚姻一旦被撤销,在法律上就被视为从未存在过,张女士在法律上就不算是离过婚。这种说法成立吗?

法律分析

《中华人民共和国民法典》不再将男女一方患有禁婚疾病作为一项婚姻无效事由,转而从欺诈的角度予以调整。这主要体现为两项变化:第一,原《中华人民共和国婚姻法》中的"医学上认为不应当结婚的疾病",在《中华人民共和国民法典》中被表述为"重大疾病";第二,只有符合欺诈的构成要件,即男女一方故意未曾向另一方如实告知

笔记区

自己患有重大疾病的,结婚行为才可以被撤销。

从欺诈的角度理解《中华人民共和国民法典》第 1053 条的规定,男女一方如果故意对另一方隐瞒自己的性功能障碍,应认为属于不如实告知“重大疾病”的情形。这基于如下事实假定:男女一方如果知道另一方存在性功能障碍,通常不会同意与之结婚。同理,这也适用于某些严重的遗传疾病、传染病等。当然,在现实生活中,存在性功能障碍的一方在婚前也可能并不知道自己患有此类病症。因此,关键在于一方当事人能够证明欺诈事实的存在,而这往往比较困难。当然,本案中王先生已承认欺诈事实,张女士因而有权撤销结婚行为。

根据《中华人民共和国民法典》第 1054 条的规定,一旦本案婚姻被撤销,张女士的婚姻状态就不属于“离婚”,其好友的建议有道理。当然,张女士在法律上是被视为“未婚”,还是属于某种特殊的状态,如“未婚(婚姻被撤销)”,在理论上仍有一定争议。

知识链接

《中华人民共和国民法典》

第一千零五十三条 一方患有重大疾病的,应当在结婚登记前如实告知另一方;不如实告知的,另一方可以向人民法院请求撤销婚姻。

笔记区

请求撤销婚姻的，应当自知道或者应当知道撤销事由之日起一年内提出。

第一千零五十四条　无效的或者被撤销的婚姻自始没有法律约束力，当事人不具有夫妻的权利和义务。同居期间所得的财产，由当事人协议处理；协议不成的，由人民法院根据照顾无过错方的原则判决。对重婚导致的无效婚姻的财产处理，不得侵害合法婚姻当事人的财产权益。当事人所生的子女，适用本法关于父母子女的规定。

婚姻无效或者被撤销的，无过错方有权请求损害赔偿。

最高人民法院《关于适用〈中华人民共和国民法典〉总则编若干问题的解释》第二十一条　故意告知虚假情况，或者负有告知义务的人故意隐瞒真实情况，致使当事人基于错误认识作出意思表示的，人民法院可以认定为民法典第一百四十八条、第一百四十九条规定的欺诈。

《中华人民共和国母婴保健法》

第八条　婚前医学检查包括对下列疾病的检查：

（一）严重遗传性疾病；

（二）指定传染病；

（三）有关精神病。

经婚前医学检查，医疗保健机构应当出具婚前医学检查证明。

笔记区

第九条 经婚前医学检查,对患指定传染病在传染期内或者有关精神病在发病期内的,医师应当提出医学意见;准备结婚的男女双方应当暂缓结婚。

纠纷解决技巧

鉴于男女一方对另一方故意隐瞒性功能障碍的欺诈事实往往难以证明,当事人也可以考虑起诉离婚。根据《中华人民共和国民法典》第 1079 条的规定,夫妻双方"感情确已破裂",调解无效的,人民法院应当准予离婚。夫妻因性生活不和谐而最终感情破裂,属于该条规定的适用情形。另外,考虑实践中当事人一方或双方对前述原因可能各执一词,甚至羞于启齿,双方也可以协议离婚;这样既能摆脱婚姻,又能保护隐私。

试题

丈夫故意隐瞒自己患有重大疾病,婚后妻子才知晓真实情况,请问妻子有什么救济手段?( )[①]

A. 夫妻双方协议离婚

B. 通过法院起诉离婚

C. 向人民法院请求撤销婚姻

D. 向人民法院请求确认婚姻无效

---

① 答案:ABC。

笔记区

▶ 5. 当初用他人的身份证与女友登记结婚，现在能起诉“离婚”吗？

案例

小刚20周岁，在外地务工时认识了来自家乡的小红，小红也是20周岁。两人一见钟情，相处3个月后决定步入婚姻的殿堂。两人迅速回到家乡，先举办了婚礼，然后去申领结婚证，在这时却碰到了麻烦。小刚尚未年满22周岁，不符合我国关于男性结婚的法定婚龄的要求，不能办理结婚登记。有人给出了一个主意：小刚可以用自己哥哥大刚（23周岁）的身份证去申请结婚登记。由于小刚、大刚相貌相似，小刚、小红居然成功办理了结婚登记，并领取了结婚证。

但由于小刚和小红的感情基础并不稳固，两人婚后摩擦不断，小刚最终决定起诉离婚。在咨询朋友的过程中，小刚了解到，他这婚不好离。因为结婚证上写的是大刚的名字，与小红结婚的是大刚，而不是小刚，法院很可能不会支持小刚的离婚请求。这种说法对吗？

法律分析

申请结婚登记必须由本人亲自为之，不能由他人代理，更不能张冠李戴，冒用他人的名义。根据《中华人民共

笔记区

和国民法典》的规定,结婚行为欲发生法律效力,除了不能存在第 1051 条的消极要件,主要须满足两个积极条件:一是男女双方自愿;二是双方办理结婚登记。

在本案中,就大刚和小红的“结婚”行为而言,两人之间缺乏结婚的意思表示,不符合前述自愿的条件。双方的结婚行为不成立。大刚可以请求婚姻登记机关涂销错误的婚姻登记。而就小刚和小红的“结婚”行为而言,虽然他们彼此自愿结婚,却不符合前述结婚登记的条件。被记载于婚姻登记系统的是大刚和小红,而非小刚和小红。两人之间的婚姻关系因欠缺有效的结婚登记,同样未发生。至于两人共同居住期间的关系,法律上通常称之为(非法)同居关系,如果不涉及财产分割、子女抚养等事项,人民法院不会单独予以处理。所以,本案中,鉴于小刚和小红之间并无有效的婚姻关系,两人无从“离婚”,也无须离婚。

知识链接

《中华人民共和国民法典》

第一千零四十六条 结婚应当男女双方完全自愿,禁止任何一方对另一方加以强迫,禁止任何组织或者个人加以干涉。

第一千零四十七条 结婚年龄,男不得早于二十二周岁,女不得早于二十周岁。

5. 当初用他人的身份证与女友登记结婚，现在能起诉"离婚"吗？

笔记区

第一千零四十九条　要求结婚的男女双方应当亲自到婚姻登记机关申请结婚登记。符合本法规定的，予以登记，发给结婚证。完成结婚登记，即确立婚姻关系。未办理结婚登记的，应当补办登记。

第一千零五十一条　有下列情形之一的，婚姻无效：

（一）重婚；

（二）有禁止结婚的亲属关系；

（三）未到法定婚龄。

最高人民法院《关于适用〈中华人民共和国民法典〉婚姻家庭编的解释（一）》

第三条　当事人提起诉讼仅请求解除同居关系的，人民法院不予受理；已经受理的，裁定驳回起诉。

当事人因同居期间财产分割或者子女抚养纠纷提起诉讼的，人民法院应当受理。

第十条　当事人依据民法典第一千零五十一条规定向人民法院请求确认婚姻无效，法定的无效婚姻情形在提起诉讼时已经消失的，人民法院不予支持。

《婚姻登记条例》第五条第一款　办理结婚登记的内地居民应当出具下列证件和证明材料：

（一）本人的户口簿、身份证；

（二）本人无配偶以及与对方当事人没有直系血亲和三代以内旁系血亲关系的签字声明。

笔记区

纠纷解决技巧

结婚须遵守法律规定。对尚未达到法定婚龄的年轻男女,稍微等一等,不仅可以避免“结婚”行为因违法而不发生效力,更能让彼此的爱情接受时间的检验。另须注意,结婚也不可冒用他人的名义。如果是以自己的名义为之,根据《中华人民共和国民法典》及最高人民法院《关于适用〈中华人民共和国民法典〉婚姻家庭编的解释(一)》的规定,未到法定婚龄而结婚,结婚行为固然无效;可是,随着男女双方都达到了法定婚龄的要求,无效事由消灭后,原本无效的结婚行为也能够被“补正”,从而变为有效。

试题

关于结婚行为,下列哪些说法是正确的?(多选)(　　)①

A. 结婚年龄,男女均不得早于22周岁

B. 如果当事人结婚时未达法定婚龄,但事后满足了法定婚龄的要求,结婚行为有效

C. 要求结婚的男女双方应当亲自到婚姻登记机关申请结婚登记

D. 使用他人的身份证“结婚”,不能形成有效的婚姻

---

① 答案:BCD。

笔记区

▶ 6. 夫妻一方离家出走多年,另一方如何离婚?

案例

小马与小刘经人介绍结婚,婚前的感情基础并不牢固。婚后五六年,小刘一直没有生养,小马的父母对其多有抱怨,小马也一直冷眼相待。小刘无法忍受这种冷暴力,于是离家出走。听人说,小刘是去外地务工了,但小马一直联系不上。又过了五六年,小马和同村的另一个姑娘小张日久生情,打算结婚。可是,他之前和小刘领过结婚证,这下就犯了难:若离婚,联系不上小刘,没法办理离婚事宜;若不离婚,没法再与小张领取结婚证。小马该怎么办?

法律分析

根据我国法律规定,离婚包括协议离婚、诉讼离婚两种途径。协议离婚须夫妻双方同意,并依法在民政部门办理离婚登记。诉讼离婚通常指"判决离婚",无须夫妻双方同意,只需向法院起诉,并满足"感情破裂"等实体法标准即可。作为例外,诉讼离婚中的"调解离婚"也需夫妻双方同意。

根据《中华人民共和国民法典》第 1079 条第 3 款的规

笔记区

定,感情破裂有很多种情形,其中之一是夫妻“因感情不和分居满二年”。本案就属于此种分居的情形。因此,本案小马可以考虑的第一条途径,就是直接以该条规定为由向人民法院诉请离婚。如果无法联系上小刘,依据最高人民法院《关于适用〈中华人民共和国民事诉讼法〉的解释》第217条的规定,小马仍可以正常起诉,不过,届时人民法院须以公告送达的方式,向“下落不明”的小刘送达诉讼文书。

此外,小马还有另一条间接离婚的途径,即宣告小刘失踪。《中华人民共和国民法典》第1079条第4款规定:“一方被宣告失踪,另一方提起离婚诉讼的,应当准予离婚。”宣告失踪的前提是“自然人下落不明满二年”,本案中的小刘有可能符合该条件。

总之,本案中,小马既可以通过公告送达的方式直接起诉离婚,也可以先宣告小刘失踪再向法院起诉离婚。

知识链接

《中华人民共和国民法典》

第四十条　自然人下落不明满二年的,利害关系人可以向人民法院申请宣告该自然人为失踪人。

第四十一条　自然人下落不明的时间自其失去音讯之日起计算。战争期间下落不明的,下落不明的时间自战

笔记区

争结束之日或者有关机关确定的下落不明之日起计算。

第一千零七十九条第四款 一方被宣告失踪,另一方提起离婚诉讼的,应当准予离婚。

最高人民法院《关于适用〈中华人民共和国民法典〉总则编若干问题的解释》第十四条 人民法院审理宣告失踪案件时,下列人员应当认定为民法典第四十条规定的利害关系人:

(一)被申请人的近亲属;

(二)依据民法典第一千一百二十八条、第一千一百二十九条规定对被申请人有继承权的亲属;

(三)债权人、债务人、合伙人等与被申请人有民事权利义务关系的民事主体,但是不申请宣告失踪不影响其权利行使、义务履行的除外。

最高人民法院《关于适用〈中华人民共和国民事诉讼法〉的解释》第二百一十七条 夫妻一方下落不明,另一方诉至人民法院,只要求离婚,不申请宣告下落不明人失踪或者死亡的案件,人民法院应当受理,对下落不明人公告送达诉讼文书。

纠纷解决技巧

在夫妻一方已经离家出走多年的情形下,婚姻已名存实亡。此时,离婚对双方都是一种解脱。如果一方打算另

笔记区

行结婚，务必遵守法律的有关规定，先离婚，再结婚，不可乱了顺序。而且，对夫妻一方下落不明时的离婚，一方面，我国法律已经提供了较便捷的离婚途径；另一方面，也建议有意离婚的夫妻一方与另一方的父母、兄弟姐妹等友善、真诚沟通，如果能联系上另一方并良好沟通，双方协议离婚的效率肯定更高。

试题

妻子甲离家出走已经五年，丈夫想要乙重新组建家庭，他可以怎么做？（多选）（　　）[①]

A. 甲已出走多年，婚姻关系早已名存实亡，故仅在与乙登记结婚时向行政机关说明情况即可

B. 通过法院起诉离婚后，与乙登记结婚

C. 等甲回来办理离婚登记后，再与乙登记结婚

D. 向法院申请宣告甲为失踪人后提起离婚诉讼，待法院裁判离婚之后再与乙登记结婚

---

① 答案：BCD。

笔记区

▶ 7. 抚养多年的孩子是妻子与第三人所生,法律上有何救济?

案例

小孙最近很苦恼,因其偶然发现,自己辛辛苦苦抚养多年的"儿子",竟然是妻子小赵与王某所生,他被蒙在鼓里整整十年。小孙决定离婚。他想知道:他能够以儿子非亲生为由,主张与小赵离婚吗?如果离婚,他能够对小赵提出哪些赔偿?

法律分析

在婚姻存续期间,夫妻一方出轨,是否构成《中华人民共和国民法典》第1079条第3款规定的法定离婚事由,不可一概而论。首先,出轨尚不等于该条规定的"重婚"或"与他人同居"。其次,出轨是否属于作为该条兜底条款的"其他导致夫妻感情破裂的情形",也须视情节轻重而论。不过,本案的情形根据通常的社会观念,应认为足以导致夫妻感情破裂。

只要小孙可以证明,儿子并非其亲生,则其对孩子并不负有法定的抚养义务。其多年来实际支出的子女抚养费用,可以向小赵主张赔偿。另外,小孙多年来被蒙骗,遭

笔记区

受了严重的精神损害,故他还有权向小赵主张精神损害赔偿。以上两类赔偿,都属于《中华人民共和国民法典》第1091条规定的离婚损害赔偿。

此外,《中华人民共和国民法典》第1087条还规定,离婚分割夫妻共同财产时,应当"按照照顾子女、女方和无过错方权益的原则判决"。本案中,虽应适当予以女方照顾,但更应照顾无过错方即小孙。此外还须注意,分割夫妻共同财产时照顾无过错方的规则,与离婚损害赔偿中保护无过错方权益的规则发挥相似的功能,都旨在保护无过错方的权益。因此,应注意到两者的功能重合,尽量避免重复赔偿。

知识链接

《中华人民共和国民法典》

第一千零七十九条第三款 有下列情形之一,调解无效的,应当准予离婚:

(一)重婚或者与他人同居;

(二)实施家庭暴力或者虐待、遗弃家庭成员;

(三)有赌博、吸毒等恶习屡教不改;

(四)因感情不和分居满二年;

(五)其他导致夫妻感情破裂的情形。

第一千零八十七条 离婚时,夫妻的共同财产由双方协议处理;协议不成的,由人民法院根据财产的具体情况,按照照顾子女、女方和无过错方权益的原则判决。

对夫或者妻在家庭土地承包经营中享有的权益等,应当依法予以保护。

第一千零九十一条 有下列情形之一,导致离婚的,无过错方有权请求损害赔偿:

(一)重婚;

(二)与他人同居;

(三)实施家庭暴力;

(四)虐待、遗弃家庭成员;

(五)有其他重大过错。

第一千一百八十二条 侵害他人人身权益造成财产损失的,按照被侵权人因此受到的损失或者侵权人因此获得的利益赔偿;被侵权人因此受到的损失以及侵权人因此获得的利益难以确定,被侵权人和侵权人就赔偿数额协商不一致,向人民法院提起诉讼的,由人民法院根据实际情况确定赔偿数额。

第一千一百八十三条 侵害自然人人身权益造成严重精神损害的,被侵权人有权请求精神损害赔偿。

因故意或者重大过失侵害自然人具有人身意义的特定物造成严重精神损害的,被侵权人有权请求精神损害赔偿。

笔记区

最高人民法院《关于适用〈中华人民共和国民法典〉婚姻家庭编的解释(一)》第八十六条 民法典第一千零九十一条规定的“损害赔偿”,包括物质损害赔偿和精神损害赔偿。涉及精神损害赔偿的,适用《最高人民法院关于确定民事侵权精神损害赔偿责任若干问题的解释》的有关规定。

纠纷解决技巧

在离婚已成定局的情形下,如何做好双方的工作,让有过错的一方真诚道歉,并让双方接受一个现实可行的赔偿协议,从而真正开始新的生活,非常考验“法律明白人”的智慧。

试题

以下哪些情况调解无效后,法院应当准予离婚?(多选)(　　)[①]

A. 重婚或者与他人同居

B. 实施家庭暴力或者虐待、遗弃家庭成员

C. 有赌博、吸毒等恶习屡教不改

D. 因感情不和分居满二年

---

① 答案:ABCD。

笔记区

8. 丈夫经常殴打妻子,妻子在法律上有何救济?

案例

小左与妻子小丽结婚五年,育有一子。小左有酗酒的毛病,每次喝酒回来,不仅乱骂人,还会动手打小丽甚至孩子。小丽带着孩子跑回过娘家几次,每次小左都登门道歉,表明会痛改前非。可是,每当小左犯酒瘾时,骂人打人一如往常。小丽觉得这样下去不是办法,可又不知道自己能怎么办。

法律分析

自2016年3月1日起,《中华人民共和国反家庭暴力法》正式施行。作为我国婚姻家庭法的基本规则之一,《中华人民共和国民法典》第1042条第3款亦明确规定:"禁止家庭暴力。禁止家庭成员间的虐待和遗弃。"

夫妻一方若遭受来自另一方的家庭暴力,主要有如下救济途径:

第一,申请人身安全保护令(通常简称"人身保护令")。《中华人民共和国反家庭暴力法》对此设有专章规定(第四章"人身安全保护令")。只要夫妻一方(通常是

笔记区

女方)实际遭受了家庭暴力,或者面临家庭暴力的现实危险,就有权向人民法院申请人身安全保护令。

第二,离婚。根据《中华人民共和国民法典》第1079条的规定,家庭暴力是诉讼离婚的法定事由之一。如果是"持续性、经常性的家庭暴力",还会构成情节更严重的"虐待"。后者同样是离婚的法定事由之一,并且对应的离婚申请更易于得到法院的支持。此外,根据《中华人民共和国民法典》第1091条的规定,在诉请离婚之余,遭受家庭暴力的夫妻一方还有权向实施家庭暴力的一方主张离婚损害赔偿。

知识链接

《中华人民共和国民法典》

第一千零四十二条第三款 禁止家庭暴力。禁止家庭成员间的虐待和遗弃。

第一千零七十九条第三款 有下列情形之一,调解无效的,应当准予离婚:……(二)实施家庭暴力或者虐待、遗弃家庭成员;……

第一千零九十一条 有下列情形之一,导致离婚的,无过错方有权请求损害赔偿:……(三)实施家庭暴力;……

最高人民法院《关于适用〈中华人民共和国民法典〉婚

姻家庭编的解释(一)》第一条 持续性、经常性的家庭暴力，可以认定为民法典第一千零四十二条、第一千零七十九条、第一千零九十一条所称的"虐待"。

《中华人民共和国反家庭暴力法》

第二十三条 当事人因遭受家庭暴力或者面临家庭暴力的现实危险，向人民法院申请人身安全保护令的，人民法院应当受理。

当事人是无民事行为能力人、限制民事行为能力人，或者因受到强制、威吓等原因无法申请人身安全保护令的，其近亲属、公安机关、妇女联合会、居民委员会、村民委员会、救助管理机构可以代为申请。

第二十八条 人民法院受理申请后，应当在七十二小时内作出人身安全保护令或者驳回申请；情况紧急的，应当在二十四小时内作出。

第二十九条 人身安全保护令可以包括下列措施：

(一)禁止被申请人实施家庭暴力；

(二)禁止被申请人骚扰、跟踪、接触申请人及其相关近亲属；

(三)责令被申请人迁出申请人住所；

(四)保护申请人人身安全的其他措施。

第三十四条 被申请人违反人身安全保护令，构成犯罪的，依法追究刑事责任；尚不构成犯罪的，人民法院应当

笔记区

给予训诫,可以根据情节轻重处以一千元以下罚款、十五日以下拘留。

纠纷解决技巧

一般来说,家暴只有0次和无数次的区别。面对家暴,受害的夫妻一方须尽早采取行动保护自己。离婚是一种选项,但一定要在离婚之前保障自己和子女的安全,不可掉以轻心。应当在家庭暴力已经或者将要发生时,第一时间向人民法院、公安机关或者当地妇联求助,申请"人身安全保护令",以公权力作为后盾,遏制家暴并防患于未然。"法律明白人"平日要多宣传反对家庭暴力,受害人也应用法律武器维护自身权益。

试题

甲长期遭受家庭暴力,请问其有什么救济办法?( )[①]

A. 向法院起诉离婚

B. 主张离婚损害赔偿

C. 申请人身安全保护令

D. 以上均是

---

① 答案:D。

笔记区

9.“离婚冷静期”会阻碍我离婚吗?

案例

小徐与小蒋经人介绍认识,一见如故,很快萌生了结婚的念头。从“闪恋”到“闪婚”,二人才经历了不到三个月。然而,婚后小徐意识到,她与小蒋的婚姻缺乏坚实的感情基础,二人甚至不真正地了解对方。于是,她想到了离婚,并将该想法告诉朋友。朋友却说,《中华人民共和国民法典》新增了“离婚冷静期”制度,“闪离”可没以前那么容易啦!小徐不解:“离婚冷静期”是什么?它真的会阻碍自己离婚吗?

法律分析

《中华人民共和国民法典》第1077条针对协议离婚设置了“离婚冷静期”制度。设置“离婚冷静期”的目的不在于限制当事人的离婚自由,而在于让当事人避免一时冲动,审慎地考虑是否结束婚姻。如果在“离婚冷静期”结束以后,当事人仍欲摆脱婚姻关系,双方可以继续办理离婚登记手续,法律将不再干预。在本案中,小徐与小蒋如果协议离婚,的确会受到“离婚冷静期”的限制,双方需要在提交离婚申请并等待30天之后,再到婚姻登记机关申请

笔记区

发给离婚证。但是,“离婚冷静期”仅限制协议离婚,而不限制诉讼离婚。也就是说,如果小徐并非与小蒋协议离婚,而是诉讼离婚,则不受“离婚冷静期”的限制。此外,如果小徐是因受胁迫而结婚或者小蒋未如实告知其重大疾病而申请撤销婚姻,同样不受“离婚冷静期”限制。

知识链接

《中华人民共和国民法典》

第一千零七十六条第一款 夫妻双方自愿离婚的,应当签订书面离婚协议,并亲自到婚姻登记机关申请离婚登记。

第一千零七十七条 自婚姻登记机关收到离婚登记申请之日起三十日内,任何一方不愿意离婚的,可以向婚姻登记机关撤回离婚登记申请。

前款规定期限届满后三十日内,双方应当亲自到婚姻登记机关申请发给离婚证;未申请的,视为撤回离婚登记申请。

第一千零七十九条 夫妻一方要求离婚的,可以由有关组织进行调解或者直接向人民法院提起离婚诉讼。

人民法院审理离婚案件,应当进行调解;如果感情确已破裂,调解无效的,应当准予离婚。

有下列情形之一,调解无效的,应当准予离婚:

(一)重婚或者与他人同居;

(二)实施家庭暴力或者虐待、遗弃家庭成员;

(三)有赌博、吸毒等恶习屡教不改;

(四)因感情不和分居满二年;

(五)其他导致夫妻感情破裂的情形。

一方被宣告失踪,另一方提起离婚诉讼的,应当准予离婚。

经人民法院判决不准离婚后,双方又分居满一年,一方再次提起离婚诉讼的,应当准予离婚。

民政部《关于贯彻落实〈中华人民共和国民法典〉中有关婚姻登记规定的通知》 二、调整离婚登记程序

……

(三)冷静期。自婚姻登记机关收到离婚登记申请并向当事人发放《离婚登记申请受理回执单》之日起三十日内,任何一方不愿意离婚的,可以持本人有效身份证件和《离婚登记申请受理回执单》(遗失的可不提供,但需书面说明情况),向受理离婚登记申请的婚姻登记机关撤回离婚登记申请,并亲自填写《撤回离婚登记申请书》(附件4)。经婚姻登记机关核实无误后,发给《撤回离婚登记申请确认单》(附件5),并将《离婚登记申请书》、《撤回离婚登记申请书》与《撤回离婚登记申请确认单(存根联)》一并存档。

笔记区

自离婚冷静期届满后三十日内，双方未共同到婚姻登记机关申请发给离婚证的，视为撤回离婚登记申请。

……

纠纷解决技巧

“离婚冷静期”制度为意欲离婚的当事人提供了再次沟通的机会，对“闪离”有一定的抑制作用。以本案为例，如果小徐与小蒋在30天的冷静期内克制冲动，加强沟通，反思在婚姻存续期间各自存在的问题并加以改正，的确有可能重归于好。“法律明白人”也可以在了解当事人之间的矛盾以后，趁着“冷静期”着力劝和。当然，在不少情形下，当事人的离婚决定并非一时冲动，而是深思熟虑的结果。在此情形下，离婚对他们而言就是一种解脱。“法律明白人”虽然也可以介入，但目标就不再是“劝合”，而可以帮助他们好合好散，重新开始新的生活。

试题

下列哪几项不属于“离婚冷静期”的适用范围？（多选）（　　）①

A. 协议离婚　　　　B. 诉讼离婚

C. 请求撤销婚姻　　D. 请求认定婚姻无效

① 答案：BCD。

笔记区

▶ 10. 离婚后,子女一定归男方抚养吗?

案例

王某与妻子李某婚后育有一子,现年八周岁。因王某常年游手好闲,整日赌钱酗酒,李某欲与之离婚。但是,李某担心,由于她对儿子管教甚严,而王某对儿子向来不加管教,儿子更希望在离婚后跟着父亲。这样,法院会不会根据儿子的意愿,将抚养权判给王某?李某的担心有道理吗?

法律分析

根据我国法律的规定,子女抚养权必须以子女利益最大化(未成年人利益最大化)作为原则,具体情况具体判断。

目前,司法实践中已经比较成熟的规则包括:

第一,不满两周岁的子女,以由母亲直接抚养为原则,以便于哺乳和照顾。

第二,听取有表达意愿能力的未成年人的意见(《中华人民共和国未成年人保护法》第 24 条第 1 款)。《中华人民共和国民法典》第 1084 条第 3 款(以及《中华人民共和国未成年人保护法》第 107 条第 2 款)更是以八周岁作为

笔记区

有表达意愿能力的分界线。

第三，尊重夫妻双方的意思自治。

第四，其他影响未成年人利益的因素，包括：子女长期跟随夫妻一方生活，或者长期跟祖父母或外祖父母生活；夫妻一方是否患有久治不愈的传染性疾病或者其他严重疾病（从而不利于照顾子女）等。

第五，夫妻一方为人父或母的需求，例如，是否已做绝育手术或者因其他原因丧失生育能力；无其他子女，而另一方有其他子女等。

本案中，李某的儿子刚八周岁，人民法院虽然应尊重子女的意愿，但更应当以未成年人利益最大化为原则，考虑本案中王某有赌钱、酗酒等恶习，原则上应将子女判由李某直接抚养。当然，如果王某、李某达成轮流直接抚养等共同抚养的协议，自应予以尊重。

知识链接

《中华人民共和国民法典》

第十九条 八周岁以上的未成年人为限制民事行为能力人，实施民事法律行为由其法定代理人代理或者经其法定代理人同意、追认；但是，可以独立实施纯获利益的民事法律行为或者与其年龄、智力相适应的民事法律行为。

第一千零八十四条第三款 离婚后，不满两周岁的子女，以由母亲直接抚养为原则。已满两周岁的子女，父母双方对抚养问题协议不成的，由人民法院根据双方的具体情况，按照最有利于未成年子女的原则判决。子女已满八周岁的，应当尊重其真实意愿。

《中华人民共和国未成年人保护法》

第二十四条第一款 未成年人的父母离婚时，应当妥善处理未成年子女的抚养、教育、探望、财产等事宜，听取有表达意愿能力未成年人的意见。不得以抢夺、藏匿未成年子女等方式争夺抚养权。

第一百零七条第二款 人民法院审理离婚案件，涉及未成年子女抚养问题的，应当尊重已满八周岁未成年子女的真实意愿，根据双方具体情况，按照最有利于未成年子女的原则依法处理。

最高人民法院《关于适用〈中华人民共和国民法典〉婚姻家庭编的解释(一)》

第四十四条 离婚案件涉及未成年子女抚养的，对不满两周岁的子女，按照民法典第一千零八十四条第三款规定的原则处理。母亲有下列情形之一，父亲请求直接抚养的，人民法院应予支持：

(一)患有久治不愈的传染性疾病或者其他严重疾病，子女不宜与其共同生活；

(二)有抚养条件不尽抚养义务，而父亲要求子女随其

笔记区

生活；

（三）因其他原因，子女确不宜随母亲生活。

第四十五条 父母双方协议不满两周岁子女由父亲直接抚养，并对子女健康成长无不利影响的，人民法院应予支持。

第四十六条 对已满两周岁的未成年子女，父母均要求直接抚养，一方有下列情形之一的，可予优先考虑：

（一）已做绝育手术或者因其他原因丧失生育能力；

（二）子女随其生活时间较长，改变生活环境对子女健康成长明显不利；

（三）无其他子女，而另一方有其他子女；

（四）子女随其生活，对子女成长有利，而另一方患有久治不愈的传染性疾病或者其他严重疾病，或者有其他不利于子女身心健康的情形，不宜与子女共同生活。

第四十七条 父母抚养子女的条件基本相同，双方均要求直接抚养子女，但子女单独随祖父母或者外祖父母共同生活多年，且祖父母或者外祖父母要求并且有能力帮助子女照顾孙子女或者外孙子女的，可以作为父或者母直接抚养子女的优先条件予以考虑。

第四十八条 在有利于保护子女利益的前提下，父母双方协议轮流直接抚养子女的，人民法院应予支持。

笔记区

纠纷解决技巧

离婚是两个人的事情，子女是无辜的。正因如此，离婚双方通常都能够接受“子女利益最大化”的原则。而且，对子女的抚养权和探望权密不可分。如果“法律明白人”能够促成双方就子女抚养问题达成协议，将来非直接抚养子女一方行使探望权，也更有可能得到抚养子女一方的配合。

试题

夫妻离婚时，针对子女的抚养问题，以下哪一项说法是错误的？（　　）①

A. 应当尊重已满八周岁未成年子女的真实意愿

B. 应当遵循最有利于未成年子女的原则

C. 不满两周岁的子女，不得由父亲直接抚养

D. 在有利于保护子女利益的前提下，父母双方可以协议轮流抚养子女

① 答案：C。

笔记区

11. 夫妻一方不支付子女抚养费，另一方可以拒绝其探望吗？

案例

张三和小红结婚五年后离婚，双方育有一女。离婚时，女儿被判给小红直接抚养，张三每月支付抚养费500元，每半年支付一次，每次总计3000元。双方还约定，张三有权探望女儿，每周一次，一次半天，由小红予以协助。

离婚三年后，张三不再及时支付抚养费，小红生气地对张三说，以后别来看孩子啦！小红这么做，在法律上有依据吗？

法律分析

根据《中华人民共和国民法典》第1084条的规定，无论是直接抚养子女，还是支付子女抚养费，都是父母在离婚后对子女行使抚养权利、履行抚养义务的一种方式。非直接抚养一方行使探望子女的权利，也是其抚养、教育、保护子女的一种方式，另一方必须予以协助。一方支付子女抚养费的义务，与其行使对子女的探望权，并不存在法律上的牵连关系。因此，在本案中，小红无权以抚养费未按时支付为由，否定或“中止”张三的探望权。当然，小红有

笔记区

权向法院申请执行相关抚养费判决；若不按时履行，张三将承担被限制消费等一系列法律责任。

根据《中华人民共和国民法典》第 1086 条第 3 款的规定，探望权的中止须满足“不利于子女身心健康”的要件，而且必须向人民法院申请，由法院依法中止探望。实践中通常的情形包括探望方患有严重的传染性疾病、有不良嗜好、对子女实施暴力、教唆子女从事非法活动等。而不按时、不足额支付子女抚养费的，不在其列。

知识链接

《中华人民共和国民法典》第一千零八十六条　离婚后，不直接抚养子女的父或者母，有探望子女的权利，另一方有协助的义务。

行使探望权利的方式、时间由当事人协议；协议不成的，由人民法院判决。

父或者母探望子女，不利于子女身心健康的，由人民法院依法中止探望；中止的事由消失后，应当恢复探望。

最高人民法院《关于适用〈中华人民共和国民法典〉婚姻家庭编的解释（一）》

第六十七条　未成年子女、直接抚养子女的父或者母以及其他对未成年子女负担抚养、教育、保护义务的法定监护人，有权向人民法院提出中止探望的请求。

笔记区

第六十八条　对于拒不协助另一方行使探望权的有关个人或者组织,可以由人民法院依法采取拘留、罚款等强制措施,但是不能对子女的人身、探望行为进行强制执行。

纠纷解决技巧

子女探望权的保障和子女抚养费的支付,关键在于各方当事人的主动履行和配合。鉴于此,即使对已经离婚的男女双方来说,良好的沟通仍然非常必要。就本案而言,以拒绝探望相要挟,可能会让双方关系更糟糕;配合对方的探望,同时动之以情,晓之以理,促使对方及时、足额支付抚养费,效果会更好。

试题

以下关于父母离婚后探望子女的说法,不正确的有?(多选)(　　)①

A. 父母与子女间的关系,不因父母离婚而消除

B. 对一方拒不协助探望的,人民法院可以对探望行为进行强制执行

C. 当事人可以协议进行探望的方式、时间

D. 一方探望不利于子女身心健康的,另一方可以直接禁止其探望

① 答案:BD。

笔记区

▶ 12. 儿子虽已成年，但还在念大学，可以请求父母一方支付抚养费吗?

案例

小张高一那年，父母因感情不和离异，小张跟随母亲生活。小张年满 18 周岁后，他父亲就拒绝再支付抚养费了。理由是，小张已经成年，该自己养活自己了。然而，小张高中毕业后并未直接工作，而是在一所大学继续学习，仍无谋生能力。小张可以请求其父亲继续支付抚养费吗?

法律分析

当子女不具有独立生活的能力时，父母应当予以照顾；这是为人父母的基本义务，也是子女请求抚养费的正当性基础。子女不具有独立生活能力最常见的情形是子女尚未成年。此外，成年子女由于残疾等情况，也可能不具有独立生活能力，此时父母对其同样负有抚养义务。

但是，对独立生活能力的判断有时也存在争议。本案中的子女虽已成年但仍在上大学的情形即属此类。对此，最高人民法院《关于适用〈中华人民共和国民法典〉婚姻家庭编的解释(一)》第 41 条规定："尚在校接受高中及其以下学历教育，或者丧失、部分丧失劳动能力等非因主观原

笔记区

因而无法维持正常生活的成年子女，可以认定为民法典第一千零六十七条规定的‘不能独立生活的成年子女’。”该条规定仅明确了部分情形，并未提及接受高中以上学历教育的成年子女是否属于“不能独立生活”的情形，因此，仍有因时因地判断的可能。

支付子女抚养费虽是为人父母的一项基本义务，但也需考虑父母的经济实力。就本案而言，不能以小张已经上大学为由，一概否定其请求父亲支付抚养费的主张；相反，人民法院应当考量小张父亲的收入状况、经济负担等因素，根据具体情况决定抚养费的支付与否及具体数额。

知识链接

《中华人民共和国民法典》第一千零六十七条第一款

父母不履行抚养义务的，未成年子女或者不能独立生活的成年子女，有要求父母给付抚养费的权利。

最高人民法院《关于适用〈中华人民共和国民法典〉婚姻家庭编的解释(一)》

第四十二条　民法典第一千零六十七条所称“抚养费”，包括子女生活费、教育费、医疗费等费用。

第四十三条　婚姻关系存续期间，父母双方或者一方拒不履行抚养子女义务，未成年子女或者不能独立生活的成年子女请求支付抚养费的，人民法院应予支持。

笔记区

第四十九条第一款 抚养费的数额，可以根据子女的实际需要、父母双方的负担能力和当地的实际生活水平确定。

第五十三条 抚养费的给付期限，一般至子女十八周岁为止。

十六周岁以上不满十八周岁，以其劳动收入为主要生活来源，并能维持当地一般生活水平的，父母可以停止给付抚养费。

纠纷解决技巧

在通常情况下，无论法律有无明确规定，子女上大学、有出息，都是为人父母所乐见乃至备感欣慰的。"法律明白人"在居中调和时，一定要争取化解双方的"心结"，让非直接抚养子女一方自愿支付子女大学期间的部分费用。此外，直接抚养子女的一方也应积极维护子女与非直接抚养一方的亲子关系。

试题

确定抚养费的数额时，可以考虑的因素有？（　　）①

A. 子女的实际需要　　B. 父母双方的负担能力

C. 当地的实际生活水平　D. 以上均是

① 答案：D。

笔记区

13. 结婚后不久离婚，可以请求返还彩礼吗？

案例

杨某经人介绍与高女士相识，半年后，两人领取了结婚证，并举办了婚礼。根据当地习俗，杨某的父母在婚前向高某给付彩礼现金28,888元，并向其赠送汽车一辆。可是，由于感情基础并不牢固，杨某与高某婚后矛盾不断，最终在一年后离婚。杨某的父母想知道：他们送出的彩礼还可以要回来吗？

法律分析

在法律层面，彩礼显然无法作为男女双方结婚行为的某种条件（如生效条件）。尽管彩礼无法直接影响结婚行为的效力，但是，两者在事实上存在紧密关联，彩礼依然具有当事人意思表示解释层面的法律意义。对于给予彩礼的一方当事人来说，倘若结婚行为并未完成，或者至少在日常观念上并未完成，那么，当事人给付彩礼的目的就落空了。在此种情形下，彩礼就应当予以返还。如果前述目的是部分落空，彩礼就应当被相应地部分返还。

结合最高人民法院《关于适用〈中华人民共和国民法典〉婚姻家庭编的解释（一）》第5条的规定，给付彩礼的目的全部落空、须全部予以返还的情形包括:(1)双方未办理结婚登记手续;(2)双方办理结婚登记手续确未共同生活,请求返还彩礼时已经离婚。此外,单纯基于公平观念,如果彩礼导致给付人生活困难,且双方已经离婚,也可能须予以返还。

给付彩礼的目的部分落空,因而须部分予以返还的情形则为双方已办理结婚登记手续,但是共同生活时间较短,仍有基于个案情况予以调整的余地。实践中,考虑的因素包括离婚的过错、双方共同生活的时间、彩礼的数额、有无生育子女、财产使用情况、双方经济状况等。权衡的结果也并不总是部分返还彩礼,而可能是全部返还或无须返还。在本案中,鉴于双方结婚一年就离婚,在进一步考察相应情况的基础上,杨某的父母请求返还部分彩礼可能会得到支持。

知识链接

《中华人民共和国民法典》第一千零四十二条第一款

禁止包办、买卖婚姻和其他干涉婚姻自由的行为。禁止借婚姻索取财物。

江苏省高级人民法院民一庭《家事纠纷案件审理指南(婚姻家庭部分)》(2019年)第8条

双方未办理结婚登记手续,但已共同生活,彩礼应否

笔记区

返还？双方已办理结婚登记手续，但共同生活时间较短，离婚时彩礼应否返还？

《婚姻法解释二》[1]第十条第一款第一项规定的“双方未办理结婚登记手续的”并非针对双方已共同生活的情形。如果双方未办理结婚登记手续，但已共同生活，当事人主张返还彩礼的，可以根据未办理结婚登记手续的原因、双方共同生活的时间、彩礼的数额、有无生育子女、财产使用情况、双方经济状况等酌定是否返还以及返还的数额。

双方已办理结婚登记手续，但共同生活时间较短，离婚时当事人主张返还彩礼的，可以根据离婚的过错、双方共同生活的时间、彩礼的数额、有无生育子女、财产使用情况、双方经济状况等酌定是否返还以及返还的数额。

纠纷解决技巧

高额的“彩礼”对男方及其家庭都是一种沉重的负担。尽管如此，彩礼的索取和给付在法律层面仍然与《中华人民共和国民法典》第1042条所禁止的“买卖婚姻”有天壤之别，也不会对结婚行为的法律效力产生任何影响。相

[1] 指最高人民法院《关于适用〈中华人民共和国婚姻法〉若干问题的解释(二)》。

笔记区

反，彩礼具有的法律意义，仅体现为其作为一种财产给付行为，给付人能否请求返还受到前文所述的各类因素的影响。这是对授受彩礼的各方当事人的意思作出解释之后的合理推论。从这一点出发，在调解处理彩礼纠纷时，“法律明白人”就应当充分考察足以影响各方当事人授受彩礼之意愿的各项因素，如此方能切中要害，“药到病除”。

试题

当事人请求返还彩礼，对于以下哪种情况人民法院应当予以支持？（　　）[①]

A. 双方未办理结婚登记手续

B. 双方办理结婚登记手续但确未共同生活，请求返还时已经离婚

C. 婚前给付并导致给付人生活困难，请求返还时已经离婚

D. 以上均是

① 答案：D。

笔记区

14. 恋爱同居期间赠与的大额财物，分手时可否请求返还？

案例

小刚与小红建立男女朋友关系后，继而同居。在恋爱同居期间，小刚多次向小红微信转账，到两年后两人分手时，累计转账金额达30余万元。其中，部分转账的金额较为特殊，如520元、999元、1314元、6666元等，这类转账的金额总计约8万元。其他转账都是正常的整数金额，如5万元、3万元、1万元等，总计约22万元。

分手后，小刚认为，既然两人不再处对象，小红就应该将这些钱还给自己。小红则认为，小刚给自己转钱是热恋期间爱意的表达，是你情我愿的事情，不能出尔反尔；而且大部分转账已用于个人消费，难以返还。谁的说法能够得到法律的支持？

法律分析

依照《中华人民共和国民法典》关于赠与合同的规定，赠与合同一旦已经实际履行，除非受赠人对赠与人有"忘恩负义"的行为（例如，严重侵害赠与人或者赠与人近亲属的合法权益、对赠与人有扶养义务而不履行等），赠与人就应当受赠与合同约束，而不能出尔反尔。本案中，小刚向小红的多笔转账，初看也属于此类。

但是，恋爱男女之间的无偿财产转让，除被解释为通常的赠与，还存在其他可能的解释。

第一种解释是，对于恋爱男女来说，特定的大额财产转让是以未来结婚为目的的，因而多少类似彩礼。它和彩礼的不同之处在于其与婚姻之间并无紧密的时空关联。但是，从当事人的意思来看，彩礼也好，大额财产转让也罢，其终局效力都指向婚姻行为。据此，若恋爱男女最终分手，赠与合同就没有发生效力，受赠人就应当返还相应的受赠财产。

第二种解释则为，即使无法类比彩礼，因而不能简单以双方分手为由请求返还，前述财产转让也应当被解释为一方对双方的（共同）赠与，而非一方对另一方的（单方）赠与。因此，在双方分手时，受赠财产也应当认定为男女双方的共有财产，原则上应一人一半。

就本案而言，上述不同解释方案均仅适用于22万元的普通数额转账。从司法实践来看，由于各地的做法未尽一致，小刚请求小红全额返还前述22万元可能得到支持，请求小红返还一半的金额即11万元也可能得到支持。至于本案中包含特殊含义的小额赠与，如520元、1314元等，实务中普遍不存在争议，均认定为小刚对小红个人的（无

笔记区

条件）赠与，请求返还无法得到支持。

知识链接

《中华人民共和国民法典》

第六百五十七条　赠与合同是赠与人将自己的财产无偿给予受赠人，受赠人表示接受赠与的合同。

第六百五十八条　赠与人在赠与财产的权利转移之前可以撤销赠与。

经过公证的赠与合同或者依法不得撤销的具有救灾、扶贫、助残等公益、道德义务性质的赠与合同，不适用前款规定。

第六百六十三条　受赠人有下列情形之一的，赠与人可以撤销赠与：

（一）严重侵害赠与人或者赠与人近亲属的合法权益；

（二）对赠与人有扶养义务而不履行；

（三）不履行赠与合同约定的义务。

赠与人的撤销权，自知道或者应当知道撤销事由之日起一年内行使。

最高人民法院《关于适用〈中华人民共和国民法典〉婚姻家庭编的解释（一）》第五条　当事人请求返还按照习俗给付的彩礼的，如果查明属于以下情形，人民法院应当予以支持：

(一)双方未办理结婚登记手续;

(二)双方办理结婚登记手续但确未共同生活;

(三)婚前给付并导致给付人生活困难。

适用前款第二项、第三项的规定,应当以双方离婚为条件。

纠纷解决技巧

恋爱中的男女向对方转账(尤其是大额转账)表达爱意前应冷静、理性思考,以减少纠纷发生的可能,这是事前预防的角度。就事后救济而言,如果“法律明白人”能促使双方互相谅解,就钱款返还的数额达成一致意见,自然最好。不然,只能对簿公堂,由法院来处理。

试题

下列恋爱同居期间赠与的财物,哪些于分手时可能有权请求(部分)返还?(多选)(　　)①

A. 情人节的520元红包

B. 婚前为对方购置并登记在对方名下的“婚房”

C. 逛街时替对方购买的衬衣

D. 支付给对方及其家庭的“彩礼”

---

① 答案:BD。

笔记区

15. 恋爱同居期间双方的收入和财产怎么分？

案例

刘某与女孩王某经人介绍相识不久就确定了恋爱关系。两人先是同居，继而订婚。但是，因种种矛盾，双方最终和平分手。刘某与王某都在县城上班，有稳定的收入。在同居的大约两年时间里，刘某的收入主要用于双方的日常开销，王某的收入则攒下来买了一辆小汽车，登记在王某名下，主要由刘某开。刘某认为，对王某的小汽车自己也有一半的权利。这种说法成立吗？

法律分析

对尚未办理结婚登记的非婚同居关系，《中华人民共和国民法典》及最高人民法院《关于适用〈中华人民共和国民法典〉婚姻家庭编的解释（一）》主要的规定内容包括：其一，男女双方原则上是非婚同居关系，无从离婚；其二，若同居双方存在子女抚养、财产分割等方面的争议，人民法院应予受理。

非婚同居关系明显不同于婚姻关系。非婚同居一方当事人的工资、奖金、生产经营收益等各种收入，原则上仍为各方单独所有，而非共同所有。作为例外，只有双方在同居期间共同购置的财产或者共同经营所得的收入，才能够被认定为双方共有(至于是按份共有还是共同共有,实践中仍有争议)。就本案而言,刘某如果能够证明,其和王某有共同购置小汽车的意思,如双方存在刘某的收入用于日常花销、王某的收入用于购置小汽车的约定,则小汽车应被认定为双方共同购置的财产,由双方共有,刘某有权分得相应的份额。

知识链接

最高人民法院《关于适用〈中华人民共和国民法典〉婚姻家庭编的解释(一)》

第三条 当事人提起诉讼仅请求解除同居关系的,人民法院不予受理;已经受理的,裁定驳回起诉。

当事人因同居期间财产分割或者子女抚养纠纷提起诉讼的,人民法院应当受理。

第七条 未依据民法典第一千零四十九条规定办理结婚登记而以夫妻名义共同生活的男女,提起诉讼要求离婚的,应当区别对待:

(一)1994 年 2 月 1 日民政部《婚姻登记管理条例》公布实施以前,男女双方已经符合结婚实质要件的,按事实婚姻处理。

(二)1994 年 2 月 1 日民政部《婚姻登记管理条例》公布实施以后,男女双方符合结婚实质要件的,人民法院应

笔记区

当告知其补办结婚登记。未补办结婚登记的，依据本解释第三条规定处理。

第二十二条 被确认无效或者被撤销的婚姻，当事人同居期间所得的财产，除有证据证明为当事人一方所有的以外，按共同共有处理。

纠纷解决技巧

婚姻关系受到法律保护，而非婚同居关系则不受此等保护，只能适用民法的一般规则。从“同居不等于结婚”切入，“法律明白人”可以比较清楚地向双方当事人阐明我国法律的立场和司法实践背后的道理。在此基础上，纠纷调解者还应了解个案当事人的诉求，动之以情理，尽可能促成双方的和解，在庭外化解纠纷。

试题

关于恋爱同居期间双方的收入和财产，以下说法正确的是哪一项？（　　）①

A. 应按照夫妻共同财产处理

B. 原则上是各方的个人财产

C. 原则上是双方的共同财产

D. 一定是各方的个人财产

① 答案：B。

笔记区

▶ 16. 夫妻一方在婚后继承的遗产,离婚时是否应当平分?

案例

陈某和王某因陈某婚内出轨正在闹离婚。但是,双方就夫妻财产分割事项难以达成协议。

双方的争议焦点是陈某几年前(正是其开始出轨的时期)从父母处(经由法定)继承得来的一套门市房的归属。该门市房位于县城黄金地段,价值近百万元。陈某认为,自己是家中独子,前述门市房是父母一辈子积攒下来的财富,跟王某没有任何关系。王某则认为,自己嫁入陈家后出过不少力,陈某继承的门市房,理应有自己一份。更何况,陈某在婚外还有私生子,要是门市房由陈某一人独有,将来二人之子小陈能分多少更没有保障。在离婚时,王某有权请求分割前述陈某继承的门市房吗?

法律分析

对夫妻一方婚后继承所得的财产,《中华人民共和国民法典》采取了如下二分法:第一,法定继承所得,一律是夫妻共同财产,离婚时由夫妻双方分享。第二,遗嘱继承所得,根据立遗嘱人的意愿而定,若遗嘱“确定只归”夫妻一方，则为该方的个人财产；否则，就是夫妻共同财产。后一类规则主要是尊重遗嘱人的意愿，这也是意思自治的应有之义。但是，前一类规则的道理却不那么容易让人理解。事实上，从《中华人民共和国婚姻法》2001年修改到《中华人民共和国民法典》制定，围绕法定继承所得的归属意见并不一致。①

立法者最终选择了支持意见。主要理由包括：(1)我国的法定夫妻财产制是共同财产制，更多关注家庭而非个人。在这一制度下，夫妻一方经法定继承或者遗嘱继承的财产，同个人的工资收入等一样，都是满足婚姻共同体存在的必要财产，应当归夫妻共同所有。(2)将法定继承所得作为夫妻共同财产，并未扩大法定继承人的范围，因为女婿、儿媳只是分享其配偶应得的遗产份额，并不影响其他法定继承人的利益。

就本案而言，现行法的规则很明确，陈某法定继承所得的门市房应为夫妻共同财产，原则上王某在离婚时有权分得一半。

---

① 参见黄薇主编：《中华人民共和国民法典婚姻家庭编释义》，法律出版社2020年版。

16. 夫妻一方在婚后继承的遗产，离婚时是否应当平分？

笔记区

知识链接

《中华人民共和国民法典》

第一千零六十二条 夫妻在婚姻关系存续期间所得的下列财产，为夫妻的共同财产，归夫妻共同所有：……（四）继承或者受赠的财产，但是本法第一千零六十三条第三项规定的除外；……

第一千零六十三条 下列财产为夫妻一方的个人财产：……（三）遗嘱或者赠与合同中确定只归一方的财产；……

第一千一百二十九条 丧偶儿媳对公婆，丧偶女婿对岳父母，尽了主要赡养义务的，作为第一顺序继承人。

纠纷解决技巧

赡养义务等扶养义务的履行，在婚姻法和继承法上都有特殊的效果。例如，根据《中华人民共和国民法典》第1129条的规定，丧偶儿媳、丧偶女婿在尽到主要赡养义务的情形下，甚至可以作为独立的"第一顺序继承人"，参与对遗产的分配。类似的考量同样可以酌情适用于通常的尽到赡养义务的儿媳或女婿身上。本案正属于此类情形。在化解纠纷、调和矛盾时，"法律明白人"一方面，自然要挖掘个案的细节，因时因地因人制宜；另一方面，还应承认当事人双方诉求以及理由的合理性，同时向其说明立法者在

笔记区

立法过程中对这些意见都有全面的考虑。

试题

关于一方在婚姻关系存续期间继承的财产，下列哪一项说法是正确的？（　　）[①]

A. 一律属于双方的夫妻共同财产

B. 一律属于一方的个人财产

C. 一方基于法定继承取得的财产，一定属于夫妻共同财产

D. 一方基于法定继承取得的财产，一定属于该方的个人财产

---

① 答案：C。

笔记区

▶ 17. 房屋是一方婚前财产，婚后加上另一方名字，离婚时怎么分？

案例

张先生与李女士是夫妻关系。结婚时，按照当地习俗，男方买房、女方买车，本来相安无事。但生完孩子后，李女士从多种渠道了解到，他们家这种买房买车的情形，一旦日后婚姻破裂，女方在财产方面将遭受很大的不利。于是，劝说张先生在婚前就全款购买的房产上加上了自己的名字。房产证上载明的产权状态为“按份共有”，但并未注明具体的份额。李女士还是不放心，她多方打听，想知道：万一将来离婚，自己对该房屋享有何种权利？

法律分析

根据所涉房产的权属情况，房产“加名”行为可能有不同的法律定性：

如果被加名的房产原本就是夫妻共同财产，而仅登记在夫妻一方名下，那么，加上夫妻另一方的名字并不会改变房屋的权属，它依然是夫妻共同财产；只不过，“加名”实现了权属的公示，因而可以防止夫妻一方擅自处分房产。

如果被加名的房产原本是登记名义人的夫妻个人财

笔记区

产(如婚前财产),加名的效果就有可能改变房屋的权属。加名后,房屋从夫妻一方的个人财产变成双方的共同财产。“加名”行为就具有赠与房屋份额的性质。实践中引发争议的,通常是这一类房产“加名”行为。

对此,《中华人民共和国民法典》第658条所确立的一般规则是,一旦赠与合同履行完毕,原则上就不能撤销。

在司法实践中,从部分地区高级人民法院的规定来看,一方面,法院会认为,夫妻之间的赠与合同一旦履行,即不能撤销;另一方面,以“加名”为代表的赠与行为并不会形成夫妻双方的两份夫妻个人财产,而是形成一份夫妻共同财产。而且,在分割该夫妻共同财产时,依然会考虑出资多少、婚姻存续期间长短等因素,对出资较多的一方适当多分。

依据前述主流意见,在本案中,首先,“加名”房产属于张先生、李女士的夫妻共同财产。其次,张先生虽然是全额出资,但是,如果李女士与之结婚时间很长,“加名”房产原则上仍有可能在夫妻之间平分(并且适用照顾女方、无过错方等夫妻共同财产分割的一般原则);相反,如果李女士与张先生的婚姻存续时间较短,则张先生很有可能获得较多的份额。

笔记区

知识链接

《中华人民共和国民法典》

第六百五十八条 赠与人在赠与财产的权利转移之前可以撤销赠与。

经过公证的赠与合同或者依法不得撤销的具有救灾、扶贫、助残等公益、道德义务性质的赠与合同,不适用前款规定。

上海市高级人民法院《关于审理婚姻家庭纠纷若干问题的意见》(2007年)

第13条 夫妻一方婚前出资购置房屋,权利登记在双方名下的,为夫妻双方共有财产。如未约定按份共有,可认定共同共有,但在离婚分割该房产时,出资一方可适当多分。

纠纷解决技巧

我国的家庭房产往往登记在夫妻一方名下。面对因房产"加名"而出现争议的夫妻,"法律明白人"可以给出哪些解决方案?对尚未面临婚姻危机的夫妻来说,首要的建议还是好好过日子,尽量不折腾。进一步,如果夫妻感情融洽,有良好的沟通,丈夫也不妨让妻子安心,主动在房产上加上妻子的名字,甚至将房产单独过户给妻子。但与此同时,双方最好还能签下一份协议,明确上述加名或过

笔记区

户行为有一个前提,即双方白头到老,或者结婚至少存续二三十年;如果前述前提不成就,一方有权请求另一方相应返还或补偿。注意,加名与协议必须作前述整体安排,二者缺一不可。因为如果单纯只有加名,而无配套协议,加名行为无异于离婚的提前安排;但如果是整体的安排,对那些相信婚姻的夫妻来说,虽然也有些折腾,但主要则包含着他们对婚姻的乐观和祝福。

试题

甲在婚前购置了一套房屋。甲与乙结婚以后,共同居住在该房屋内。关于该套房产说法错误的是?(多选)(　　)①

A. 在二人登记结婚后,该房产成为夫妻共同财产

B. 在二人登记结婚后,该房产仍是甲的个人财产

C. 如果甲承诺给乙房产"加名",在实际办理登记之前,甲有权"反悔"

D. 如果甲与乙已经办理了房屋"加名登记",则离婚时该房产一律平分

① 答案:AD。

笔记区

18. 一方拒绝履行房产“加名”约定,另一方可否请求履行?

案例

张先生在与李女士结婚前已经全款购买婚房,婚后二人共同居住。但是,在李女士孕期,张先生出轨了。李女士得知此事时,两人的孩子小张已经出生。为了家庭,李女士选择了原谅。但是她提出一个条件:张先生应当在婚房上面加上她和小张的名字,这样万一离婚,自己和孩子将来也有个保障。张先生答应了,当场写下一份保证书:自愿在共同居住的婚房上加上李女士和小张的名字,绝不反悔。之后,房产“加名”的事被耽搁下来,李女士也未再催促。然而,没过一年,张先生又出轨了,而且对家人的态度也大不如前。李女士心灰意冷,决定离婚。她要求张先生履行之前的加名约定,遭到拒绝。李女士的主张成立吗?

法律分析

在房屋是夫妻一方的个人财产的情形下,实务中常见的房屋“加名”约定性质上属于夫妻一方对另一方(以及子女等其他家庭成员)的赠与。而我国法律关于赠与合同可执行性的一般规则是:除少数例外,在实际履行之前,赠与

笔记区

人有权任意撤销赠与；而一旦实际履行，赠与人无权撤销赠与。在此，一个有待解释的问题是夫妻之间的赠与，是否属于“依法不得撤销的……道德义务性质的赠与”。主流意见认为，夫妻间赠与仍应遵守一般规则，在未履行之前可以撤销。在本案中，张先生可以撤销赠与合同；而一旦赠与合同被撤销，李女士和小张就无权请求房屋“加名”。

知识链接

《中华人民共和国民法典》第六百五十八条 赠与人在赠与财产的权利转移之前可以撤销赠与。

经过公证的赠与合同或者依法不得撤销的具有救灾、扶贫、助残等公益、道德义务性质的赠与合同，不适用前款规定。

最高人民法院《关于适用〈中华人民共和国民法典〉婚姻家庭编的解释(一)》第三十二条 婚前或者婚姻关系存续期间，当事人约定将一方所有的房产赠与另一方或者共有，赠与方在赠与房产变更登记之前撤销赠与，另一方请求判令继续履行的，人民法院可以按照民法典第六百五十八条的规定处理。

纠纷解决技巧

赠与合同的关键在于实际履行，夫妻之间的赠与同样

笔记区

如此。在实践中，与本案类似的纠纷并不鲜见，很大程度上就是因为当事人忽略了这一点。面对像本案张先生这样的夫妻一方，另一方固然可以直接诉诸法庭，并着重从“道德义务”的角度保护自身权益，但总体而言，通过司法程序实现房屋“加名”的成功率较低。作为替代方案，“法律明白人”不妨考虑请亲朋好友或者其他中间人一同介入劝说男方，达成一个各方都能接受的方案。此外，本案还有特殊性，即男方承诺不仅给妻子加名，还给子女加名。因此，“法律明白人”可以劝说男方将房子直接过户给双方共同的子女而非女方，也是一个不错的选项。

试题

关于夫妻之间的赠与，下列哪一项说法是错误的？(　　)①

A. 一方将婚前购置的房屋给另一方“加名”，通常应理解为赠与

B. 夫妻间经过公证的赠与合同，赠与方不得任意撤销

C. 夫妻一方已履行赠与合同的，通常不得撤销赠与

D. 夫妻一方在履行赠与合同前反悔，另一方通常可以请求法院强制执行

---

① 答案：D。

笔记区

▶ 19. 夫妻之间订立的“忠诚协议”有效吗?

案例

刚刚结婚的曹先生与刘女士希望找些办法“加固”自己的婚姻。听朋友说,现在年轻人结婚都喜欢签订“忠诚协议”,即约定如果一方在婚内出轨,其就会面临惩罚。两人觉得这是个好主意,拟订了如下条款:“(一)两人永远相爱,任何人不得提出离婚;(二)两人相互忠诚,任何人不得出轨;(三)如有一方违反,分手时须净身出户,自动丧失子女抚养权。”两人想知道:他们订立的“忠诚协议”会得到法律的承认吗?

法律分析

法律一般性地规定了夫妻相互负有忠实义务,但是,夫妻之间订立的“忠诚协议”的法律效力却不能一概而论。

首先,“忠诚协议”是一种涉及身份关系的协议,根据《中华人民共和国民法典》第464条第2款的规定,可以根据其性质参照适用《中华人民共和国民法典》“合同编”的相关规则。这意味着,“忠诚协议”的法律适用相对灵活,需要依据协议的性质进行具体判断。

其次,《中华人民共和国民法典》第153条规定,违反

笔记区

法律、行政法规的强制性规定及违背公序良俗的民事法律行为无效。因此,如果“忠诚协议”约定的义务或者违约责任具有明显的违法性或者背俗性,譬如,协议若约定当事人“不得离婚”“不得与其他异性接触”“违约时须自残身体、咒骂起誓”等,则该“忠诚协议”无效。

再次,“忠诚协议”约定的义务,可能因其人身属性而不适宜强制履行(参照适用《中华人民共和国民法典》第580条第1款第2项),如法律无法强制当事人履行“禁止出轨”的义务。

最后,“忠诚协议”中约定的违约责任如果过重,法院可以依据当事人的请求予以减轻(参照适用《中华人民共和国民法典》第585条第2款)。

在本案中,曹先生与刘女士订立的“忠诚协议”是无效的。其一,“任何人不得提出离婚”的条款剥夺了民事主体的婚姻自由,明显违反了法律的强制性规定。其二,“自动丧失子女抚养权”的条款也违反了关于亲子关系的法律规定。退一步说,即使本案中夫妻双方仅约定了“相互忠实”的义务,但违反该义务时必须承担高额的金钱赔偿(如“净身出户”),法院也可以根据违约方的过错程度、受害方的受损程度、家庭的经济状况等实际因素酌情调减赔偿的数额。

笔记区

知识链接

《中华人民共和国民法典》

第一百五十三条 违反法律、行政法规的强制性规定的民事法律行为无效。但是,该强制性规定不导致该民事法律行为无效的除外。

违背公序良俗的民事法律行为无效。

第四百六十四条 合同是民事主体之间设立、变更、终止民事法律关系的协议。

婚姻、收养、监护等有关身份关系的协议,适用有关该身份关系的法律规定;没有规定的,可以根据其性质参照适用本编规定。

第五百八十条第一款 当事人一方不履行非金钱债务或者履行非金钱债务不符合约定的,对方可以请求履行,但是有下列情形之一的除外:

(一)法律上或者事实上不能履行;

(二)债务的标的不适于强制履行或者履行费用过高;

(三)债权人在合理期限内未请求履行。

第五百八十五条第一款、第二款 当事人可以约定一方违约时应当根据违约情况向对方支付一定数额的违约金,也可以约定因违约产生的损失赔偿额的计算方法。

约定的违约金低于造成的损失的,人民法院或者仲裁机构可以根据当事人的请求予以增加;约定的违约金过分

笔记区

高于造成的损失的，人民法院或者仲裁机构可以根据当事人的请求予以适当减少。

第一千零四十三条 家庭应当树立优良家风，弘扬家庭美德，重视家庭文明建设。

夫妻应当互相忠实，互相尊重，互相关爱；家庭成员应当敬老爱幼，互相帮助，维护平等、和睦、文明的婚姻家庭关系。

纠纷解决技巧

“忠诚协议”在理论与实务中都是较棘手的难题。“法律明白人”如果遇到夫妻咨询如何订立“忠诚协议”，一方面，需要告诫当事人不可逾越法律规定与公序良俗；另一方面，也可以提醒当事人，希望凭借一份协议“拴住”对方，终究是不切实际的。正如本案中的曹先生与刘女士，与其靠一份“永远相爱”的约定“加固婚姻”，不如投入更多的时间与心思“加固爱情”。

试题

下列夫妻间的“忠诚协议”，哪一项是有效的？(　　)[1]

A. 永远相爱，不得离婚

B. 提出离婚，视为放弃子女抚养权

C. 接触其他异性，罚款一万元

D. 出轨者少分 20% 的夫妻共同财产

---

① 答案：D。

笔记区

20. 一方父母赞助小夫妻购买婚房的首付款，法律归属如何？

案例

小曹和女友小马感情稳定，准备结婚时却被双方父母以及各种朋友的善意提醒闹得头昏脑涨。其中，最让小曹纠结的一件事情是：他和小马已经看好了一处婚房，总价100万元，如果按揭购买，则首付款需要50万元。这笔钱，他的父母已经答应赞助。但是，小曹的一个朋友悄悄建议，购房合同最好在结婚之前签订，首付款也要由父母在结婚之前打款，如此，小曹父母给的首付款在法律上就是小曹的个人财产；如果这笔钱是婚后才到账，则会被认定为对小曹和小马两人的赠与，进而成为两人的夫妻共同财产。简单说，给钱的时间点非常重要。小曹很纠结，想知道：根据我国法律规定，父母赞助购房款的时间点真的这么重要吗？

法律分析

夫妻一方或双方在结婚之际收到的来自各方父母的大额馈赠，应认定为对夫妻一方的赠与（夫妻个人财产），还是对夫妻双方的赠与（夫妻共同财产）？这是我国司法

笔记区

实务中一个具有争议的问题。

在法律层面，《中华人民共和国民法典》延续此前《中华人民共和国婚姻法》的做法，采取了如下“二分法”：夫妻一方在婚后受赠的财产，原则上是夫妻共同财产；但是，“赠与合同中确定只归一方的财产”，仍为夫妻一方的个人财产。这里的原则和例外都取决于对赠与人赠与意思的解释：哪些情形或表达，才算是赠与人“确定”只赠与夫妻一方而非夫妻双方？

针对这一问题，《中华人民共和国民法典》相关司法解释着重考虑赠与的时点：结婚前，父母的赠与应认定为对自己子女个人的赠与，除非有明确的相反表示；结婚后，父母的赠与应按照《中华人民共和国民法典》第 1062 条第 1 款第 4 项规定的原则处理。但《中华人民共和国民法典》第 1062 条第 1 款第 4 项包含了两种可能性：受赠财产原则上为夫妻共同财产；但若赠与人“确定只归一方”，则受赠财产理应为相应夫妻一方的个人财产。

从尊重赠与人意愿的角度讲，无论是婚前赠与还是婚后赠与，受赠财产原则上都应被认定为父母对其子女一方的赠与，属于个人财产；除非赠与人有明确的相反表示。在此前提下，本案中的小曹其实无须纠结，无论房款的赠与是在婚前还是在婚后，都是父母对自己的赠与，属于其个人财产。

笔记区

知识链接

《中华人民共和国民法典》

第一百四十二条 有相对人的意思表示的解释，应当按照所使用的词句，结合相关条款、行为的性质和目的、习惯以及诚信原则，确定意思表示的含义。

无相对人的意思表示的解释，不能完全拘泥于所使用的词句，而应当结合相关条款、行为的性质和目的、习惯以及诚信原则，确定行为人的真实意思。

第一千零六十二条第一款 夫妻在婚姻关系存续期间所得的下列财产，为夫妻的共同财产，归夫妻共同所有：……（四）继承或者受赠的财产，但是本法第一千零六十三条第三项规定的除外；……

第一千零六十三条 下列财产为夫妻一方的个人财产：……（三）遗嘱或者赠与合同中确定只归一方的财产；……

最高人民法院《关于适用〈中华人民共和国民法典〉婚姻家庭编的解释（一）》第二十九条 当事人结婚前，父母为双方购置房屋出资的，该出资应当认定为对自己子女个人的赠与，但父母明确表示赠与双方的除外。

当事人结婚后，父母为双方购置房屋出资的，依照约定处理；没有约定或者约定不明确的，按照民法典第一千零六十二条第一款第四项规定的原则处理。

笔记区

纠纷解决技巧

“法律明白人”要解决父母赠与购房款的法律归属等相关问题以及潜在的争议，除了知晓我国法律的相关规定，还应恪守两项原则：一是开诚布公；二是平等对待。开诚布公，而非藏着掖着，才能让对方感到自己一方的担忧并非没有道理。而平等对待，则意味着将心比心，不会利用法律规则去损人利己，也才有可能得出双方都能坦然接受的方案。

试题

对父母出资为儿女夫妻双方买房，以下说法中正确的是？（多选）（　　）[①]

A. 当事人结婚前，除非有明确的相反表示，父母为双方购置房屋的出资应当被认定为对子女个人的赠与

B. 当事人结婚后，父母对为双方购置房屋的出资达成协议的，应依照其约定处理

C. 当事人结婚后，父母在无约定的情况下为双方购置房屋出资的，该出资一律为夫妻共同财产

D. 当事人结婚后，父母在无约定的情况下为双方购置房屋出资的，该出资也可能被认定为一方的个人财产

---

① 答案：ABD。

笔记区

21. “男方买房、女方买车”在法律上有什么利弊?

案例

小白要和女友小王结婚了。但是,两人在和家人商量筹备婚事的过程中,却闹起了不快。原来,他们所在县城的婚俗之一是“男方买房、女方买车”。但是,小王的父母却坚持“女方买房、男方买车”。因为他们听朋友说,房子将来会增值,而车子只会贬值,万一小两口将来离婚,买车一方亏大了。但是,小白父母则坚持按当地婚俗准备。小白自己纳闷:谁买房、谁买车,差别真的那么大吗?

法律分析

“男方买房、女方买车”是否不利于当事人一方,不能一概而论。首先,应考察房屋和车辆是分别为相关一方的夫妻个人财产,还是夫妻共同财产。本案涉及父母对子女的赠与,在适用相关规定后,如果房屋和车辆都属于夫妻双方的夫妻共同财产,那么,婚姻存续期间房屋的增值、车辆的贬值,都由夫妻双方共同承受,并无不利于夫妻一方之说;相反,如果房屋和车辆分别为相关一方的夫妻个人财产,则须进一步考察房屋的增值、车辆的贬值在法律上

笔记区

的归属。一般认为,最高人民法院《关于适用〈中华人民共和国民法典〉婚姻家庭编的解释(一)》第 25 条第 1 项和第 26 条包含如下与本案相关的规则:第一,夫妻个人财产基于市场行情、通货膨胀等发生的增值(“自然增值”),仍属于夫妻个人财产。本案中房屋的增值通常就属于此类。第二,作为例外,如果前述增值能够被认定为“投资收益”,换言之,如果本案中的购房行为能够被认定为投资行为,那么,有关增值一律为夫妻共同财产。在实践中,两项规则的适用不无紧张关系。此外,对夫妻财产的贬值,我国法律并无明确规定。其实际后果是,由于相关夫妻个人财产归属于夫妻一方,前述贬值就自然由该方承受,无从请求夫妻另一方补偿。

综上,如果一如本案,父母送房、送车的行为发生在小两口结婚前,那么因为房屋、车辆会成为受赠一方的夫妻个人财产,对应的婚后增值、贬值也会由相应夫妻一方承受,而非由夫妻双方共享或共担。

知识链接

《中华人民共和国民法典》

第一千零六十二条第一款 夫妻在婚姻关系存续期间所得的下列财产,为夫妻的共同财产,归夫妻共同所有:……(四)继承或者受赠的财产,但是本法第一千零六

笔记区

十三条第三项规定的除外;……

第一千零六十三条 下列财产为夫妻一方的个人财产:……(三)遗嘱或者赠与合同中确定只归一方的财产;……

最高人民法院《关于适用〈中华人民共和国民法典〉婚姻家庭编的解释(一)》

第二十五条 婚姻关系存续期间,下列财产属于民法典第一千零六十二条规定的"其他应当归共同所有的财产":

(一)一方以个人财产投资取得的收益;

(二)男女双方实际取得或者应当取得的住房补贴、住房公积金;

(三)男女双方实际取得或者应当取得的基本养老金、破产安置补偿费。

第二十六条 夫妻一方个人财产在婚后产生的收益,除孳息和自然增值外,应认定为夫妻共同财产。

第二十九条 当事人结婚前,父母为双方购置房屋出资的,该出资应当认定为对自己子女个人的赠与,但父母明确表示赠与双方的除外。

当事人结婚后,父母为双方购置房屋出资的,依照约定处理;没有约定或者约定不明确的,按照民法典第一千零六十二条第一款第四项规定的原则处理。

笔记区

纠纷解决技巧

夫妻双方父母对夫妻二人的赠与寄托了双方父母对小两口婚姻生活的祝福。既然是"好心",既然是祝福,就要避免不小心"办坏事"。"法律明白人"应向双方说明法律层面的利弊和风险。相信双方父母通常都能够接受折中方案,即双方父母都参与买房,也都参与买车,原则上一家贡献一半。

试题

王强(男方)和李莉(女方)在领证前由男方父母出资置办了房产,婚后女方父母为小两口上班方便出资买了车,请问该房产和车产属于夫妻共同财产吗?( )[①]

A. 房产和车产都是夫妻共同财产

B. 房产属于儿子个人财产,车产属于女儿个人财产

C. 房产属于儿子个人财产,车产属于夫妻共同财产

D. 房产属于夫妻共同财产,车产属于女儿个人财产

---

① 答案:C。

笔记区

22. 一方婚前购买，婚后双方共同还贷的房屋，离婚时怎么分？

案例

李某晚婚晚育，婚前有一定积蓄。在结婚前，他就以按揭贷款方式购买了一套价格为100万元的房屋，其中首付款30万元，贷款70万元。在与沈某结婚后，李某仍以工资收入偿还按揭贷款，家庭的日常开销则由他和沈某视情况承担。后妻子沈某出轨，李某要求离婚并获得孩子的抚养权，沈某表示答应，但要求分割两人的主要财产即前述家庭住房。李某不同意，认为房子是自己买的，婚后也仍然是自己负责还贷，与沈某没有任何关系。沈某则声称，这些年房子增值了不少，目前市价大约为200万元。自己至少要分这些增值的一半，即50万元。而且，李某的婚后工资属于夫妻共同财产，自己当然有权利分割相应的数额。请问，案涉房屋究竟该怎么分？

法律分析

本案所代表的争议在实践中颇为普遍。夫妻一方婚前以按揭方式购买房屋，登记在自己名下，但是，婚后却以夫妻共同财产归还贷款，那么离婚时，该房屋属于谁的财产？房屋的增值利益，应当如何分配？

《中华人民共和国民法典》以及此前的《中华人民共和国婚姻法》对此均无明确规定。依据最高人民法院《关于适用〈中华人民共和国民法典〉婚姻家庭编的解释（一）》的规定，前述房屋通常应被认定为购买一方的夫妻个人财产；同时，夫妻另一方仍有权请求购房一方补偿"双方婚后共同还贷支付的款项及其相对应财产增值部分"。

在司法实践中，如果房屋在婚后并无任何增值，双方当事人通常不会产生争议。因为购房款中的本金归属于谁，房屋中对应的价值也应当归属于谁。相反，如果房屋在婚后发生增值，尤其是大幅增值，当事人对房屋增值的归属或分配往往存在争议。这主要体现为两类争议：第一类争议聚焦于房屋的归属。如果房屋被认定为夫妻共同财产，夫妻双方无疑都有权分享房屋的婚后增值。如果房屋被认定为夫妻个人财产，非登记名义人的夫妻一方虽然也有权请求补偿，但获得的经济利益通常会低于房屋是夫妻共同财产的情形。因此，为了获得更多的房屋增值，当事人会就按揭房屋的权属发生争执。但是，最高人民法院《关于适用〈中华人民共和国民法典〉婚姻家庭编的解释（一）》的态度比较明确：此类房屋原则上应属于登记名义人的夫妻个人财产。第二类争议则聚焦于增值的分割。在按揭房屋是一方夫妻个人财产的情形下，夫妻另一方有

笔记区

权请求补偿婚后共同还贷的金额及其对应房产增值。总体来看,这采取了“谁投资,谁受益”的思路。婚后共同还贷的数额与所能分配的房产增值成正比。但是,在司法实践中,各地法院虽然认同此种比例分配的理念,但对具体的补偿计算公式则存在不同的理解,进而影响具体的补偿数额的确定。

综上,在本案中,案涉房屋应为李某的夫妻个人财产。他以婚后工资偿还按揭贷款,属于以夫妻共同财产还贷,故沈某有权请求补偿(一半的)共同还贷款项及对应的房产增值。至于具体计算,则取决于各地通行的补偿计算公式。

知识链接

最高人民法院《关于适用〈中华人民共和国民法典〉婚姻家庭编的解释(一)》第七十八条 夫妻一方婚前签订不动产买卖合同,以个人财产支付首付款并在银行贷款,婚后用夫妻共同财产还贷,不动产登记于首付款支付方名下的,离婚时该不动产由双方协议处理。

依前款规定不能达成协议的,人民法院可以判决该不动产归登记一方,尚未归还的贷款为不动产登记一方的个人债务。双方婚后共同还贷支付的款项及其相对应财产增值部分,离婚时应根据民法典第一千零八十七条第一款规定的原则,由不动产登记一方对另一方进行补偿。

笔记区

纠纷解决技巧

离婚财产纠纷很多时候都围绕房子展开。“法律明白人”在化解以本案为代表的按揭房产纠纷时，应注意两点：第一，争议的经济实质往往是房产婚后增值的分配。当事人表面上可能会争论房产是否为夫妻共同财产，但指向的仍是增值(而非出资本金)的归属。第二，现行法关于房产婚后增值遵循出资原则，即按经济贡献在夫妻之间分配增值。把握了这两点，就有可能在个案中提出更容易让双方当事人接受的房产增值分配方案，在法庭之外化解纠纷。

试题

夫妻一方婚前按揭购买房屋，以个人财产支付首付款，并在婚后用夫妻共同财产还房贷，该房屋登记于首付款支付方名下。以下说法正确的有？(多选)(　　)[①]

A. 离婚时该房产可以由双方协议处理

B. 无法达成协议的，法院可以判决该房产归登记一方

C. 无法达成协议的，尚未归还的房贷为不动产登记一方的个人债务

D. 双方婚后共同还贷支付的款项及其相对应财产增值部分，离婚时由不动产登记一方对另一方进行补偿

---

① 答案：ABCD。

笔记区

23. 夫妻婚后共同购买的房屋，离婚时如何分配？

案例

刘某与马某是夫妻，生活在靠近县城的乡镇。随着两人的儿子小刘的出生，夫妻俩筹划搬到县城里居住，这样孩子能有一个更好的教育环境。之后几年，妻子马某在家务农，丈夫刘某在外务工。在小刘5岁那年，他们终于攒够了钱，在县里的小学旁全款购买了一套公寓房，花费80万元。然而，刘某开始在外花天酒地，对妻子和儿子经常不闻不问，喝醉了甚至动手打人。在儿子9岁那年，刘某打算跟马某离婚。马某也同意离婚，但主张：如果儿子归自己抚养，目前居住的房子应该分给自己；如果儿子归刘某抚养，房子可以分给刘某，但刘某应向自己支付当初购房款的一半作为补偿。马某的主张能成立吗？

法律分析

本案中的房屋是以夫妻双方婚后的生产、经营收益(夫妻共同财产)购买，故该房屋属于夫妻共同财产。对于夫妻共同财产的分割，《中华人民共和国民法典》第1087条所确立的规则是，夫妻双方的约定优先；如果没有约定，

笔记区

则由人民法院“根据财产的具体情况，按照照顾子女、女方和无过错方权益的原则判决”。这主要包含两层内容：第一层，在经济价值层面，夫妻共同财产原则上在夫妻之间平分；作为例外，按照照顾子女、女方和无过错方权益的原则，可以对夫妻一方多分或者少分。第二层，就具体财产的分配而言，不一定需要将所有财产在夫妻之间对半分配（很多物品在物理或功能上也无法均分）。此时，具体的财产分配方案就需要“根据财产的具体情况”，且至少依然应当遵守照顾子女、女方和无过错方权益的原则。

根据《中华人民共和国民法典》相关司法解释的规定，如果夫妻双方均主张房屋所有权并且同意竞价取得，应当准许。但是，如果夫妻双方均主张房屋所有权但不同意采取竞价规则，此时应如何处理，前述司法解释并无规定，故仍需回到《中华人民共和国民法典》第 1087 条所确立的一般规则，即前述第二个层面的内容。就房产而言，通常应考虑夫妻各方的居住需求和经济实力、子女的利益等。在本案中，主要应考虑的因素是子女利益，具体表现为尽量不改变 9 岁的小刘原有的生活环境和教育环境。因此，马某的主张大致合理——谁直接抚养小刘，谁就有权分得案涉房屋；同时，分得房屋的一方应当向另一方支付一半的房屋现值（而非当初的购房款）作为补偿。

笔记区

知识链接

《中华人民共和国民法典》第一千零八十七条　离婚时，夫妻的共同财产由双方协议处理；协议不成的，由人民法院根据财产的具体情况，按照照顾子女、女方和无过错方权益的原则判决。

对夫或者妻在家庭土地承包经营中享有的权益等，应当依法予以保护。

最高人民法院《关于适用〈中华人民共和国民法典〉婚姻家庭编的解释（一）》第七十六条　双方对夫妻共同财产中的房屋价值及归属无法达成协议时，人民法院按以下情形分别处理：

（一）双方均主张房屋所有权并且同意竞价取得的，应当准许；

（二）一方主张房屋所有权的，由评估机构按市场价格对房屋作出评估，取得房屋所有权的一方应当给予另一方相应的补偿；

（三）双方均不主张房屋所有权的，根据当事人的申请拍卖、变卖房屋，就所得价款进行分割。

纠纷解决技巧

对夫妻共同财产的分割纠纷，一条基本原则是，在经济价值层面，夫妻双方在通常情况下各得一半。尽管法律同时也规定，要照顾子女、女方和无过错方的权益，但从一

笔记区

直以来的司法实践来看，与纸面上的法律规定不同，平分是常态。这是调解此类纠纷的起点。以此为出发点，才有可能贯彻《中华人民共和国民法典》第1087条的精神，在具体财产的分配方面尽量考虑个案的具体情况，以及照顾子女和女方的利益，尤其是其合情合理的现实需求。由此得出的调解方案，才有可能既满足夫妻一方和子女的切身需要，同时未失之偏颇，从而更容易为另一方所接受。

试题

关于双方在离婚时如何分割夫妻共同财产中的房屋，下列说法正确的是？（多选）（　　）①

A. 双方私自达成分割房屋之协议的，法院应认定该协议无效

B. 双方均主张房屋所有权并且同意竞价取得的，应当准许

C. 双方均主张房屋所有权但不同意竞价取得的，法院在分割时应考虑子女与女方的利益

D. 一方主张房屋所有权的，由评估机构按市场价格对房屋作出评估，取得房屋所有权的一方应当给予另一方相应的补偿

① 答案：BCD。

笔记区

24. 男方婚前继承果园，婚后的果园经营收入是否为夫妻共同财产？

案例

小陶从小长大的村镇，向来以鲜嫩多汁的水蜜桃闻名。小陶的父亲老陶生前经营着全村规模最大的水蜜桃园。老陶去世后，果园由小陶继承。可是，小陶却有些烦恼：他和女友小萍已经恋爱三年了，打算最近结婚，但他又听说小萍是看中了自家的果园，结婚以后她就可以分走一半。小陶想知道：一旦结婚，果园真的就会变成他和小萍的共同财产了吗？如果不是，那小萍在婚后能分得果园的经营收益吗？

法律分析

在我国夫妻共同财产制之下，夫妻一方的婚前财产属于该方的个人财产，夫妻一方婚后的“生产、经营、投资的收益”属于夫妻双方的共同财产。那么，夫妻一方在婚后通过婚前财产取得的生产、经营、投资的收益，究竟是归该方个人所有，还是归夫妻双方共同所有？对此，最高人民法院《关于适用〈中华人民共和国民法典〉婚姻家庭编的解释（一）》明确规定，“一方以个人财产投资取得的收益”

笔记区

“夫妻一方个人财产在婚后产生的收益,除孳息和自然增值外”均属于夫妻共同财产。

需要稍做解释的是司法解释中的“孳息和自然增值”。“自然增值”,是指单纯因通货膨胀或者市场行情等原因而产生的增值,如房价上涨、古董升值等。相反,如果增值系因夫妻一方或者双方投入的人力、物力、财力而导致,如房屋因修缮或者扩建而增值,则不属于此处的“自然增值”(理论上称为“主动增值”)。基于同样的道理,该司法解释中的“孳息”应被限缩解释为是指无须投入物资与劳动即可获取的“自然孳息”,如母牛产下的小牛、树上结出的果实等。至于“法定孳息”,如房屋出租而收取的租金收益,由于其并非房屋的自然属性使然,而是为人力所促成,故不在其列。

当然,以上都是原则。从理论研究和实务操作来看,即使是不需要劳动投入的孳息、自然增值,它们能否被认定为投资收益,一直以来也存在争议。在一定情形下,自然增值也可以为夫妻双方所分享;孳息(如股息)也是如此。就本案而言,小陶在婚前继承的果园在婚后仍然是他的个人财产。但是,由于经营果园还需要投入进一步的人力物力,故婚后的果园经营收入作为生产、经营所得,应为夫妻共同财产。

笔记区

知识链接

《中华人民共和国民法典》

第一千零六十二条　夫妻在婚姻关系存续期间所得的下列财产,为夫妻的共同财产,归夫妻共同所有:……(二)生产、经营、投资的收益;……

第一千零六十三条　下列财产为夫妻一方的个人财产:(一)一方的婚前财产;……

最高人民法院《关于适用〈中华人民共和国民法典〉婚姻家庭编的解释(一)》

第二十五条　婚姻关系存续期间,下列财产属于民法典第一千零六十二条规定的"其他应当归共同所有的财产":(一)一方以个人财产投资取得的收益;……

第二十六条　夫妻一方个人财产在婚后产生的收益,除孳息和自然增值外,应认定为夫妻共同财产。

第三十一条　民法典第一千零六十三条规定为夫妻一方的个人财产,不因婚姻关系的延续而转化为夫妻共同财产。但当事人另有约定的除外。

纠纷解决技巧

夫妻一方个人财产在婚后产生的收益原则上属于夫妻共同财产,这一规定背后的道理在于,这种安排可以激励当事人高效利用个人财产,实现夫妻双方利益最大化,

笔记区

而非为了个人利益的最大化而“雪藏”该财产。特别是就婚后的生产、经营、投资所得而言，无论其是否源于夫妻个人财产的投入，鉴于这些收益通常还需要夫妻一方或者双方在婚后投入一定的劳动，故《中华人民共和国民法典》明确将它们作为夫妻共同财产。

试题

以下夫妻一方婚前财产的婚后收益，哪一项通常不属于夫妻共同财产？(　　)①

A. 房屋市场价格的增长

B. 房屋出租的租金收益

C. 银行定期存款的利息

D. 果园的经营收入

① 答案：A。

笔记区

25. 夫妻一方婚后中彩票的奖金是否为夫妻共同财产？

案例

老赵近年工作不顺，家庭不和，每天的精神支柱就是在彩票站购买几注彩票，期待自己时来运转。一天，老赵猛然间发现自己前些天购买的彩票竟然中了800万元大奖，激动之余，妻子平日里冷嘲热讽的画面浮现在他的脑海，他心想："这奖是我中的，凭什么分她一半？何不隐瞒中奖消息，赶紧离婚，然后再偷偷去兑奖，这样800万元大奖就可以全部收入囊中啦！"老赵的如意算盘可以成真吗？

法律分析

根据《中华人民共和国民法典》第1062条第1款的规定，夫妻在婚姻关系存续期间所得的"投资的收益"，为夫妻的共同财产。所谓投资收益，通常是指个人拥有的债权、股权等取得的利息、股息、红利所得。但是，购买彩票也具有投资属性，因购买彩票而获得的奖金也是一种"投资的收益"，属于夫妻共同财产。相应地，夫妻另一方在离婚时有权请求分割彩票奖金。需要注意的是，无论购买彩票所花费的是夫妻一方的个人财产，还是夫妻共同财产，都不影响彩票奖金是夫妻共同财产的属性。

所以,本案中老赵的如意算盘将会落空。如果老赵试图隐瞒中奖事实,待到离婚以后再去兑奖,则还可能构成隐瞒夫妻共同财产。在这种情况下,妻子可以在发现这一事实后三年内请求再次分割,而且法院也可能在分割共同财产时考虑这一因素,对老赵少分财产甚至不分财产。

知识链接

《中华人民共和国民法典》

第一千零六十二条 夫妻在婚姻关系存续期间所得的下列财产,为夫妻的共同财产,归夫妻共同所有:……(二)生产、经营、投资的收益;……

第一千零九十二条 夫妻一方隐藏、转移、变卖、毁损、挥霍夫妻共同财产,或者伪造夫妻共同债务企图侵占另一方财产的,在离婚分割夫妻共同财产时,对该方可以少分或者不分。离婚后,另一方发现有上述行为的,可以向人民法院提起诉讼,请求再次分割夫妻共同财产。

最高人民法院《关于适用〈中华人民共和国民法典〉婚姻家庭编的解释(一)》第八十三条 离婚后,一方以尚有夫妻共同财产未处理为由向人民法院起诉请求分割的,经审查该财产确属离婚时未涉及的夫妻共同财产,人民法院应当依法予以分割。

笔记区

纠纷解决技巧

彩票奖金与其他投资性收益一样，属于夫妻共同财产。可在一部分人的观念中，彩票中奖是因为其“手气好”，与配偶无关，故希望将奖金全部归为己有。这种观念忽视了购买彩票的投资属性，是对法律的错误认识。因此，在面对此种案件时，“法律明白人”应耐心地向当事人解释法律的相关规定，消除误解；同时，还可以强调隐藏夫妻共同财产的后果，从而促使中奖一方主动与另一方协商解决问题。对中奖一方的配偶来说，则需要留心搜集相关证据，如中奖时间与金额等，以免在产生纠纷时太过被动。

试题

以下夫妻一方在婚姻存续期间取得的财产，属于夫妻共同财产的是？（　　）①

A. 以个人财产购买彩票的奖金

B. 以共同财产购买彩票的奖金

C. 婚姻存续期间的工资收入

D. 以上财产都属于夫妻共同财产

---

① 答案：D。

笔记区

▶ 26. 夫妻一方发生交通事故所得保险金、赔偿金等,离婚时怎么分?

案例

赵先生与方女士在闹离婚,且二人对财产分割寸步不让,分毫必争。赵先生曾在一年前遭遇交通事故,对方车主全责,保险公司与对方车主向赵先生支付了共计20万元的人身损害赔偿金。方女士认为,这笔赔偿金是赵先生婚后所得,是夫妻共同财产,离婚时自己也可以分一半。赵先生则坚决反对,认为在交通事故中受伤的是自己的身体,所得的钱款当然也归其个人所有。双方争执不下。方女士有权主张分割这笔赔偿金吗?

法律分析

在我国的法定财产制之下,虽然夫妻一方婚后所得的财产通常是夫妻共同财产,但仍有相当一部分属于夫妻一方个人所有。典型的例子,即一方获得的人身损害赔偿或者补偿。在性质上,人身损害赔偿或者补偿是对夫妻一方所遭受的人身损害的填补,旨在保障该方的基本生活,具有很强的人身专属性。如果将之归于夫妻共同财产,不仅可能导致该方在离婚后难以维持生计,还可能诱发道德风

笔记区

险。因此,《中华人民共和国民法典》第1063条规定,夫妻一方因受到人身损害获得的赔偿或者补偿,即使发生于结婚之后,也属于夫妻一方的个人财产。另一方在离婚时无权分割配偶的人身损害赔偿金或者补偿金。

具体来说,“一方因受到人身损害获得的赔偿或者补偿”的范围较宽,既包括医疗费、营养费、残疾辅助器具费以及残疾赔偿金等针对侵权人的损害赔偿,也包括《中华人民共和国工伤保险条例》中规定的由工伤保险基金支付的生活护理费、伤残补助金与伤残津贴等补偿,还包括由保险公司支付的保险金。基于类似的理由,最高人民法院《关于适用〈中华人民共和国民法典〉婚姻家庭编的解释(一)》第30条还规定,军人的伤亡保险金、伤残补助金、医药生活补助费也属于夫妻一方的个人财产。

此外,如果夫妻一方遭受人身损害时,医疗费已经先行以夫妻共同财产支付,即已经由夫妻共同财产替赔偿义务人垫付,那么此后获得的人身损害赔偿金或者补偿金中对应的医疗费部分,则应认定为夫妻共同财产。

知识链接

《中华人民共和国民法典》第一千一百七十九条 侵害他人造成人身损害的,应当赔偿医疗费、护理费、交通费、营养费、住院伙食补助费等为治疗和康复支出的合理费用,以及因误工减少的收入。造成残疾的,还应当赔偿辅助器具费和残疾赔偿金;造成死亡的,还应当赔偿丧葬费和死亡赔偿金。

纠纷解决技巧

人身损害赔偿或者补偿为夫妻一方个人所有,这一点与大众观念并不冲突,较容易为双方当事人接受。因此,在面对当事人主张分割配偶人身损害赔偿款时,“法律明白人”可以先晓之以理、动之以情,争取让当事人理解法律规则及其背后的精神,尽可能化解纠纷。

试题

以下在婚姻存续期间取得的财产,属于夫妻一方的个人财产的是哪一项?(　　)[1]

A. 一方的工资、奖金、劳务报酬

B. 一方取得的公司分红

C. 一方因车祸而取得的赔偿金

D. 一方因专利而收取的许可使用费

---

① 答案:C。

笔记区

27. 夫妻一方以投资为名向他人借巨款用于赌博，另一方须为此负责吗？

案例

老李整日在村中游手好闲，逐渐染上了网络赌博的恶习，几乎将仅有的积蓄都赔了进去。老伴怎么劝也劝不住，只能干着急。一天，老李赌瘾又犯了，可实在凑不出本钱，便找到邻村的朋友老张，骗他说自己最近物色到一个投资项目，将来肯定能赚得盆满钵满，只不过最近手头紧拿不出钱来，想从他这借点应急。于是老张拿出5万元借给老李。后5万元亦被输光，老张向老李催债才得知此事。他跟老李的老伴说，你们是一家人，得对5万元债务共同负责。那么，老李的老伴必须向老张还钱吗？

法律分析

夫妻一方在婚姻关系存续期间举债，既有可能形成举债方的个人债务，又有可能形成夫妻共同债务。若是举债方的个人债务，则举债方的配偶无须承担清偿责任；若是夫妻共同债务，则举债方的配偶须与举债方承担连带清偿责任。根据最高人民法院《关于适用〈中华人民共和国民法典〉婚姻家庭编的解释（一）》第34条第2款的规定，夫

笔记区

妻一方在从事赌博、吸毒等违法犯罪活动中所负债务，第三人主张该债务为夫妻共同债务的，人民法院不予支持。因为赌博、吸毒等违法犯罪活动对婚姻的危害极大，举债方的配偶不可能因为赌债、"毒债"而受益。所以，举债方的配偶无须对此承担清偿责任。

不过，本案的情形稍有不同。老李向老张借钱的理由是投资，老张并不知道老李借钱的真实目的是赌博。可是，这仍不影响对夫妻个人债务与夫妻共同债务的判断。即便老张对老李的借款用途有某种合理的信赖，但由于老李的老伴对借款关系的形成并无合意，所借款项事实上也未被用于夫妻共同生活与共同生产经营，根据《中华人民共和国民法典》第 1064 条的规定，该笔借款不能被认定为夫妻共同债务。其实，在一般的借款场景下，出借人同样承担举债方虚构借款用途或者无力清偿的风险，此乃借款关系中的固有风险。显然，出借人不能仅因为举债方在负债时已经结婚而获得更强的保护，否则将过分损害举债方配偶的利益。

知识链接

《中华人民共和国民法典》第一千零六十四条　夫妻双方共同签名或者夫妻一方事后追认等共同意思表示所负的债务，以及夫妻一方在婚姻关系存续期间以个人名义为家庭日常生活需要所负的债务，属于夫妻共同债务。

笔记区

夫妻一方在婚姻关系存续期间以个人名义超出家庭日常生活需要所负的债务，不属于夫妻共同债务；但是，债权人能够证明该债务用于夫妻共同生活、共同生产经营或者基于夫妻双方共同意思表示的除外。

纠纷解决技巧

赌债、“毒债”通常不属于夫妻共同债务，应由举债方自行承担清偿责任。此外，《中华人民共和国民法典》第1079条第3款将“有赌博、吸毒等恶习屡教不改”作为判决离婚的事由之一。这意味着，“法律明白人”介入纠纷时有两类建议：一是明确告知双方，赌债属于夫妻个人债务，应由举债一方独自承担；二是提示非负债一方诉讼离婚的可能性，因为赌博等恶习属于法定离婚事由之一。

试题

夫妻一方在婚姻存续期间所负的下列债务，哪一项不属于夫妻共同债务？（　　）[①]

A. 因吸毒所负的“毒债”

B. 以投资为名、实际用途是赌博的“赌债”

C. 与第三人串通而虚构的债务

D. 以上债务都不是夫妻共同债务

① 答案：D。

笔记区

▶ 28. 一方婚后投资失败所欠巨额债务,另一方须为此负责吗?

案例

自结婚以来,罗女士与丈夫陈先生就达成了各司其职的默契:陈先生"主外",经营一些罗女士听不太懂的生意;自己"主内",负责将家务收拾得井井有条。可是,罗女士的安定生活被一封债权人的催债函给打破了。经追问,陈先生才支支吾吾地回答,他的一笔投资不仅血本无归,还因此欠下了巨额债务。罗女士又气又急,气的是这么重大的事情自己居然一直被蒙在鼓里,急的是自己可能也得为丈夫借的巨款负责。那么,罗女士需要对陈先生的负债承担责任吗?

法律分析

根据《中华人民共和国民法典》第1064条的规定,夫妻共同债务主要有三种类型:第一,夫妻双方共同签名或者其他基于夫妻共同意思表示而形成的债务,即"合意型"夫妻共同债务;第二,夫妻一方在婚姻关系存续期间以个人名义为家庭日常生活需要所负的债务,即"日常家事型"夫妻共同债务;第三,夫妻一方在婚姻关系存续期间以个

笔记区

人名义超出家庭日常生活需要负担的债务，但该债务用于夫妻共同生活、共同生产经营，即“共同生活、共同生产经营型”夫妻共同债务。

本案中，陈先生借巨款超出了家庭日常生活需要，可能涉及“共同生活、共同生产经营型”夫妻共同债务。所谓“共同生活”，通常指的是该支出用作夫妻双方共同消费或者用于形成夫妻共同财产，如购买住房和车辆、装修、休闲旅行等；而所谓“共同生产经营”，通常指的是由夫妻双方共同决定生产经营事项，或者虽由一方决定但另一方进行了授权的情形，如夫妻双方共同经营“夫妻公司”，对公司均有一定的决策权等。就本案而言，陈先生借款显然不是为了用于共同生活，而是用于经营与投资。然而，罗女士作为家庭主妇，其日常工作仅是操持家务，完全没有以直接或者间接的方式参与陈先生的生产经营活动。因此，此种经营活动仅是陈先生的个人行为，并不满足“共同生产经营”的要求。

一般人可能有的疑问是，虽然陈先生借款是用于其个人的生产经营，但其生产、经营、投资的收益是夫妻共同财产。罗女士分享了陈先生从事生产经营的收益，基于“权利义务相一致”的原理，也应当对投资债务负责。这一说法不无道理。对此，理论上比较有力的观点包括：其一，罗女士对陈先生以个人名义所负的投资债务负连带责任的

笔记区

前提是，罗女士必须"实际受益"，即陈先生的投资必须实际取得了收益，而非亏本；其二，罗女士至多以整个夫妻共同财产为限，对前述投资债务承担有限连带责任。换言之，罗女士的夫妻个人财产不可能从中受益，基于权利义务相一致的原理，无须对前述投资债务连带负责。本案中，陈先生的投资完全失败，罗女士从未实际受益，故即使基于权利义务相一致的原理，其也无须对相应投资债务负责。

知识链接

《中华人民共和国民法典》第一千零六十四条 夫妻双方共同签名或者夫妻一方事后追认等共同意思表示所负的债务，以及夫妻一方在婚姻关系存续期间以个人名义为家庭日常生活需要所负的债务，属于夫妻共同债务。

夫妻一方在婚姻关系存续期间以个人名义超出家庭日常生活需要所负的债务，不属于夫妻共同债务；但是，债权人能够证明该债务用于夫妻共同生活、共同生产经营或者基于夫妻双方共同意思表示的除外。

纠纷解决技巧

在处理"共同生活、共同生产经营型"夫妻债务的过程中，还需要关注证明责任的问题。根据《中华人民共和国民法典》第 1064 条的规定，当举债方以个人名义负担的债

笔记区

务超出家庭日常生活需要时,应由债权人证明“该债务用于夫妻共同生活、共同生产经营或者基于夫妻双方共同意思表示”。如果债权人无法证明这一点,则该笔债务在诉讼中便无法被认定为夫妻共同债务。实践中,完成此种举证对债权人来说较困难,因此这类债务更容易被认定为举债方的个人债务。本案也是如此,陈先生的债权人必须证明对应债务用于夫妻共同生产经营,不然就只能承担举证不能的不利后果。

试题

下列在婚姻存续期间发生的债务,不属于夫妻共同债务的是哪一项?( )[1]

A. 夫妻双方共同签名的借款

B. 夫妻一方签名、另一方事后追认的借款

C. 夫妻一方因家庭日常生活需要而借款

D. 夫妻一方因个人投资而借款

---

① 答案:D。

笔记区

▶ 29. 夫妻一方擅自出售登记在其名下的家庭住房,另一方有权追回房屋吗?

案例

丁先生与曹女士婚后打拼多年,总算用共同的积蓄在县城购买了一栋住屋,登记在丁先生名下。二人的生活本来幸福美满,但丁先生的生意严重滑坡,急需投入一笔资金渡过难关。焦头烂额之际,丁先生想到了卖房。于是,丁先生瞒着曹女士通过房产中介发布了售房广告,并联系到有意购买房屋的小张。丁先生谎称,待售房屋是其个人所有,并趁曹女士外出旅行时带小张来实地看房。小张对房屋相当满意,当即签订了房屋买卖合同,二人也很快办理了过户登记手续。不久,曹女士获悉此事,坚决反对卖房和腾房。曹女士想知道:她是否有权要求小张回转房屋登记,从而追回房屋?

法律分析

案涉房屋虽然登记在丁先生一人名下,但是以夫妻婚后收入(夫妻共同财产)购买,故属于夫妻共同财产。一般认为(但也有争议),夫妻共同财产是指夫妻双方共同所有的财产;《中华人民共和国民法典》第 1062 条第 2 款规定夫妻对共同财产,有平等的处理权。换言之,未经另一方同意,任何一方擅自处分夫妻共同财产的行为属于无权处分,原则上不发生法律效力。但是也有例外——如果房屋的买受人对此并不知情,尤其是当该家庭住房仅登记在出售房屋一方的名下时,应该优先保护善意的买受人。《中华人民共和国民法典》第311条关于"善意取得"的规则正是此理。最高人民法院《关于适用〈中华人民共和国民法典〉婚姻家庭编的解释(一)》第28条则进一步明确,"一方未经另一方同意出售夫妻共同所有的房屋,第三人善意购买、支付合理对价并已办理不动产登记,另一方主张追回该房屋的,人民法院不予支持";不过,"夫妻一方擅自处分共同所有的房屋造成另一方损失,离婚时另一方请求赔偿损失的,人民法院应予支持"。

依照前述规定,虽然丁先生出售房屋并未经过曹女士同意,但是,由于房屋的买受人小张系基于善意,且支付了合理的购房款并已经办理了房屋过户登记手续,故小张可以取得房屋的所有权,曹女士无权请求买受人回转房屋登记。如果曹女士因为丁先生擅自处分房屋的行为而蒙受损失,有权在离婚时请求丁先生赔偿。

29. 夫妻一方擅自出售登记在其名下的家庭住房，另一方有权追回房屋吗？

笔记区

知识链接

《中华人民共和国民法典》

第三百一十一条 无处分权人将不动产或者动产转让给受让人的，所有权人有权追回；除法律另有规定外，符合下列情形的，受让人取得该不动产或者动产的所有权：

（一）受让人受让该不动产或者动产时是善意；

（二）以合理的价格转让；

（三）转让的不动产或者动产依照法律规定应当登记的已经登记，不需要登记的已经交付给受让人。

受让人依据前款规定取得不动产或者动产的所有权的，原所有权人有权向无处分权人请求损害赔偿。

当事人善意取得其他物权的，参照适用前两款规定。

第一千零六十二条第二款 夫妻对共同财产，有平等的处理权。

纠纷解决技巧

此类纠纷涉及夫妻之外的第三人，利益关系较复杂。虽然立法出于维护交易安全的目的，优先保护善意的买受人，但仍然可以考虑当事人之间的和解可能。比如，出售房屋的一方若愿意支付合理的赔偿金，买受人或许会选择让步。当然，如果买受人不愿意让步，出卖人的配偶也无法强求，只能向出卖人请求损害赔偿。另外，为预防此类

笔记区

纠纷,“法律明白人”需要及时纠正当事人“房子登在我的名下,我当然有权出售”等错误心理,尽可能地减少夫妻一方擅自处分房屋的情况出现。

试题

一方未经另一方同意将夫妻共同所有的房屋转让给第三人,下列哪一项不是第三人取得房屋所有权的必要条件?( )[①]

A. 第三人已经实际占有房屋

B. 第三人已经办理不动产登记

C. 第三人主观上为善意

D. 第三人支付合理对价

① 答案:A。

笔记区

30. 夫妻一方向第三者赠与大额财产,另一方有权追回吗?

案例

已婚的韩先生与马女士发展了一段"婚外情"。其先是拿出自己婚后攒下的私房钱,为马女士买了一枚昂贵的钻戒,后来更将夫妻婚后购置的一栋房屋赠送给她,并办理了过户登记。妻子蔡女士逐渐察觉到韩先生的种种反常,最终发现了这一段"婚外情"。韩先生只好承认出轨的事实,并且交代了向马女士赠送钻戒、房屋的经过。蔡女士得知巨额财产竟归第三者所有,怒火中烧。韩先生也后悔不已,连忙向马女士索回财产,不料马女士拒绝返还。蔡女士有权追回被赠与第三者的财产吗?

法律分析

韩先生拥有根据其意愿与他人订立赠与合同的自由。但是,一旦韩先生实施的赠与行为违反了法律、行政法规的强制性规定,或者违背了公序良俗,该行为就归于无效。本案中,韩先生基于维持"婚外情"的目的,向马女士赠与价值不菲的钻戒、房屋,严重违背了夫妻之间相互忠诚的善良风俗,因此赠与合同无效。马女士应返还基于赠与合

笔记区

同获得的财物。

除此之外,韩先生向马女士赠送的房屋并非韩先生的夫妻个人财产,而是其与蔡女士的夫妻共同财产,韩先生无权擅自处分该房屋。马女士明知自己介入他人婚姻生活,既不构成善意,又未支付合理对价,亦无法善意取得房屋的所有权。因此,蔡女士有权请求马女士返还房屋。

知识链接

《中华人民共和国民法典》

第一百五十三条 违反法律、行政法规的强制性规定的民事法律行为无效。但是,该强制性规定不导致该民事法律行为无效的除外。

违背公序良俗的民事法律行为无效。

第一百五十七条 民事法律行为无效、被撤销或者确定不发生效力后,行为人因该行为取得的财产,应当予以返还;不能返还或者没有必要返还的,应当折价补偿。有过错的一方应当赔偿对方由此所受到的损失;各方都有过错的,应当各自承担相应的责任。法律另有规定的,依照其规定。

第一千零六十二条第二款 夫妻对共同财产,有平等的处理权。

笔记区

纠纷解决技巧

《中华人民共和国民法典》第 1043 条第 2 款规定，夫妻应当互相忠实，互相尊重，互相关爱。为维持“婚外情”等不正当关系而向第三者赠与财物的行为，以及擅自处分夫妻共同财产的行为，都不受法律保护。第三者很可能“人财两空”。在处理此种纠纷时，“法律明白人”除告知出轨方配偶相关的法律救济外，还应对出轨方进行批评教育，督促其改过自新。

试题

夫妻一方在婚姻存续期间实施的下列赠与行为，哪一项是无效的？(　　)①

A. 用婚后工资为儿子购买笔记本电脑

B. 用公司分红为母亲购买按摩椅

C. 用婚后积蓄为“第三者”购买珠宝

D. 用彩票奖金为灾区捐款

---

① 答案：C。

笔记区

31. 可以不离婚，但请求分割夫妻共同财产吗？

案例

小芳与邻村小刚结婚多年，育有一子。为赡养双方老人、照顾孩子，二人省吃俭用，攒下20万元工资，存在男方银行卡中。

可天有不测风云，小芳母亲被查出患有慢性肾衰竭，每月透析费就要几千元；小芳父亲也被查出严重冠心病，搭桥手术也得几万元。两位老人平日里没有多少积蓄，治疗费的重担一下子落到了小芳夫妻身上，小两口这下可犯了难。小芳想取出二人全部存款为父母治病。小刚则认为，固然该为老人看病，但将来自己父母生病也要靠这笔积蓄，眼下孩子入学也需要钱，因此迟迟不肯答应取钱治病。双方几次沟通都没有结果。

此时，有人建议小芳离婚，先分一半钱来给父母看病。但小芳觉得，平日里二人感情很好，也明白小刚的犹豫不无道理，实在不想离婚。小芳能否请求法院，在不离婚的前提下取出小刚名下的存款呢？

法律分析

夫妻共同财产是指“夫妻在婚姻关系存续期间所得

笔记区

的"特定财产，如工资、奖金、劳务报酬等。原则上，只有在婚姻关系消灭或者双方有特别约定时，才能对夫妻共同财产进行分割。但也有例外，《中华人民共和国民法典》第1066条列举了两类在婚姻关系存续期间夫妻一方即可请求法院分割夫妻共同财产的情形：一是一方有严重损害夫妻共同财产利益的行为，如隐匿、转移等；二是一方负有法定扶养义务的人患重大疾病需要医治，另一方不同意支付相关医疗费用。

在本案中，小芳和小刚在婚姻存续期间的工资收入属于夫妻共同财产，原则上只能在离婚时分割。但是，小芳对其父母负有法定的扶养义务（赡养义务），鉴于二老罹患必须医治、不容拖延的重大疾病，在小刚不同意支付小芳父母治疗费的情形下，小芳在婚姻关系存续期间就有权请求人民法院分割夫妻共同财产，从而获得小刚名下的一半存款。

知识链接

《中华人民共和国民法典》第一千零六十六条 婚姻关系存续期间，有下列情形之一的，夫妻一方可以向人民法院请求分割共同财产：

（一）一方有隐藏、转移、变卖、毁损、挥霍夫妻共同财产或者伪造夫妻共同债务等严重损害夫妻共同财产利益的行为；

笔记区

（二）一方负有法定扶养义务的人患重大疾病需要医治，另一方不同意支付相关医疗费用。

最高人民法院《关于适用〈中华人民共和国民法典〉婚姻家庭编的解释（一）》第三十八条 婚姻关系存续期间，除民法典第一千零六十六条规定情形以外，夫妻一方请求分割共同财产的，人民法院不予支持。

纠纷解决技巧

夫妻双方遇到问题应多多沟通，彼此理解，必要时再诉诸法律；切不可固执己见，见利忘义，轻易放弃家人间的感情。对本案的小芳和小刚来说，“法律明白人”让夫妻双方知晓法律的规定，同时晓之以理、动之以情，使他们主动依照法律规则行事，应为皆大欢喜的方案。

试题

因以下哪种事由，夫妻一方可以在婚姻关系存续期间向人民法院请求分割共同财产？（ ）①

A. 另一方与他人同居

B. 另一方伪造夫妻共同债务

C. 另一方有吸毒恶习

D. 另一方遗弃家庭成员

---

① 答案：B。

笔记区

32. 夫妻一方婚内出轨，离婚时另一方可以多分财产吗？

案例

老朱事业有成以后，开始嫌弃跟他患难与共的妻子，与邻村的刘女士发展起了“地下情”，后便向妻子提出了离婚。妻子已经对老朱心灰意冷，遂表示同意离婚，但提出老朱婚内出轨属于重大过错，自己有权多分财产。老朱妻子的主张有法律依据吗？

法律分析

在我国的离婚制度中，保护无过错方是一项重要原则。该原则主要体现于两个功能近似的制度，即夫妻共同财产的分割与离婚损害赔偿。具体来说，《中华人民共和国民法典》第 1087 条第 1 款规定夫妻共同财产的分割应“照顾子女、女方和无过错方权益”，第 1091 条则规定离婚时无过错方有权请求损害赔偿，二者共同发挥着惩罚过错方、保护无过错方的功能。因此，在实际操作中，这两项制度需要相互协调，既要保证制度目标得以实现，又要避免“重复评价”的问题。

以本案为例，老朱婚内出轨的行为是否导致离婚损害

笔记区

赔偿,须视情节轻重而定。如果情节足够严重,构成《中华人民共和国民法典》第1091条第2项“与他人同居”或者第5项“有其他重大过错”,则老朱须向妻子承担损害赔偿责任。此种损害赔偿责任的范围既包括物质损害赔偿,又包括精神损害赔偿。一旦法院认定老朱应就出轨一事向妻子承担损害赔偿责任,在理论上,如果损害赔偿足以填补妻子因此遭受的损害,在夫妻财产分割时,就不宜重复评价,即以多分夫妻共同财产的方式照顾无过错的妻子。当然,在司法实践中,由于离婚损害赔偿数额较低,未必能够实现足额补偿的目标,也未尝不可再以多分夫妻共同财产的方式照顾无过错的妻子。相反,如果老朱的出轨行为尚不构成“重大”过错,因而无适用前述第1091条离婚损害赔偿的余地,夫妻共同财产分割规则仍有可能提供“兜底”救济。即在分割夫妻共同财产时,法院可以考虑对妻子予以多分,以实现对无过错方的保护。

知识链接

《中华人民共和国民法典》

第一千零八十七条第一款　离婚时,夫妻的共同财产由双方协议处理;协议不成的,由人民法院根据财产的具体情况,按照照顾子女、女方和无过错方权益的原则判决。

第一千零九十一条　有下列情形之一,导致离婚的,

笔记区

无过错方有权请求损害赔偿：

（一）重婚；

（二）与他人同居；

（三）实施家庭暴力；

（四）虐待、遗弃家庭成员；

（五）有其他重大过错。

最高人民法院《关于适用〈中华人民共和国民法典〉婚姻家庭编的解释（一）》

第八十六条 民法典第一千零九十一条规定的“损害赔偿”，包括物质损害赔偿和精神损害赔偿。涉及精神损害赔偿的，适用《最高人民法院关于确定民事侵权精神损害赔偿责任若干问题的解释》的有关规定。

第八十七条 承担民法典第一千零九十一条规定的损害赔偿责任的主体，为离婚诉讼当事人中无过错方的配偶。

人民法院判决不准离婚的案件，对于当事人基于民法典第一千零九十一条提出的损害赔偿请求，不予支持。

在婚姻关系存续期间，当事人不起诉离婚而单独依据民法典第一千零九十一条提起损害赔偿请求的，人民法院不予受理。

笔记区

纠纷解决技巧

在离婚时,无过错方能够得到法律的照顾。因此,在处理此类纠纷时,“法律明白人”可以鼓励当事人并拿起法律的武器,争取自己应得的赔偿或者补偿。不过需注意,离婚损害赔偿以“离婚”为前提,在婚姻关系存续期间,出轨一方的配偶无权根据离婚损害赔偿制度向出轨一方主张损害赔偿。至于能否基于侵权责任提出此类主张,是另一个问题,且在实践和理论层面不无争议。

试题

夫妻一方婚内与他人同居,另一方可以享有的救济不包括下列哪一项?(　　)[①]

A. 以诉讼的方式与该方离婚

B. 要求对方净身出户

C. 在分割共同财产时适当多分

D. 主张离婚损害赔偿

---

① 答案:B。

笔记区

▶ 33. 夫妻一方承担了较多家务劳动的，离婚时可否要求补偿？

案例

冯先生在外打拼多年，是一家农产品公司的老总，事业蒸蒸日上；妻子吴女士则安心地在家当“家庭主妇”，一人操持日常家务，照料老人与小孩，将整个家打理得井井有条。不料，冯先生后见异思迁，开始嫌弃这个没见过世面的妻子，最后提出了离婚。吴女士心碎不已，她为这个家庭奉献了青春、放弃了工作，最后竟被无情抛弃。她想知道：自己为家庭牺牲了这么多，能否在离婚时获得补偿呢？

法律分析

《中华人民共和国民法典》第1088条确立了离婚时的家务劳动补偿规则，使家务劳动补偿规则可以适用于法定的夫妻共同财产制。据此，无论夫妻双方采取共同财产制还是分别财产制，只要一方因抚育子女、照料老年人、协助另一方工作等负担了较多义务，即有权在离婚时向另一方请求补偿。具体的补偿方案，先由双方协议决定；如果无法达成协议，则由人民法院判决。

笔记区

家务劳动补偿规则肯定了家务劳动的价值，保障了承担较多家务一方的合法权益，贯彻了民法的公平原则，并且鼓励夫妻对家庭事务投入更多的时间与精力。此外，家务劳动补偿规则需要进行妥当的个案衡量，既要合理补偿一方对家务劳动的不均等付出，又要在功能上协调好其与夫妻共同财产分割(以及离婚经济帮助制度)的关系。

具体来说，以本案为例，虽然吴女士可以在离婚时分割夫妻共同财产，取得一定的"间接补偿"，但这种补偿未必是充分的。毕竟，吴女士因为操持家务而放弃了自己的工作，离婚后很可能因为缺乏社会经验、工作经验等而面临就业困难。相反，冯先生虽然"付出"了一部分婚后收入，但他将精力投入于事业发展，离婚后境遇很可能远远优于吴女士。考虑这一因素，应认为吴女士有权主张适当的家务劳动补偿。当然，这一结论仍然以平均分割共同财产为前提。如果法院在分割共同财产时已经考虑了对吴女士的补偿，就不应重复评价吴女士多年付出的家务劳动。同样，如果吴女士存在经济困难，法院判决冯先生提供经济帮助的，则对吴女士的家务劳动补偿也有可能适当减少。

笔记区

知识链接

《中华人民共和国民法典》

第一千零八十八条 夫妻一方因抚育子女、照料老年人、协助另一方工作等负担较多义务的,离婚时有权向另一方请求补偿,另一方应当给予补偿。具体办法由双方协议;协议不成的,由人民法院判决。

第一千零九十条 离婚时,如果一方生活困难,有负担能力的另一方应当给予适当帮助。具体办法由双方协议;协议不成的,由人民法院判决。

纠纷解决技巧

在现代社会,男女平等,女性也有追求职业发展的自由,不应被束缚在家务之中。不过,因为各种复杂的因素,女性对家务投入较多时间精力的现象还是相当常见。在实际处理此类纠纷时,"法律明白人"可以考虑以调解为主,促成当事人达成补偿协议。毕竟,另一方之所以可以放心地打拼事业,是因为身后有承担家务一方的默默付出。在这种情况下,于情于理都应当适当照顾该方的利益。如果双方可以就家务补偿达成协议,则可以快速化解纠纷。

笔记区

试题

关于家务劳动补偿，下列说法错误的是？（多选）（　　）①

A. 家务劳动补偿只适用于分别财产制，不适用于共同财产制

B. 因协助另一方工作而负担较多义务，不属于“家务”，不能请求补偿

C. 具体的补偿方案可以由双方协议，协议不成的，由人民法院判决

D. 为避免重复赔偿，主张家务劳动补偿的一方无权再请求离婚损害赔偿

① 答案：ABD。

34. 离婚前夫妻一方转移财产，另一方有何法律救济？

案例

雷女士与宋先生“闪婚”之后，不久就因为琐事失和，开始闹离婚。“冷战”之际，雷女士想到宋先生在婚姻存续期间的收入寥寥，而自己既有较高的工资，又有出租房屋的租金收益，到时候分割共有财产肯定会吃亏。于是雷女士把自己婚后获得的工资与租金收益全部转到了弟弟小雷的银行账户上，宣称婚后收入已经全部用于“还债”，自己早已分文不剩。宋先生能否获得相关的法律救济呢？

法律分析

在离婚时，夫妻双方需要就共同财产进行分割。有的夫妻一方出于侵占另一方财产、实现个人利益最大化的目的，可能隐藏、转移、变卖、毁损、挥霍夫妻共同财产，或者伪造夫妻共同债务。对此，《中华人民共和国民法典》第1092条明确规定，如果夫妻一方存在上述行为，在离婚分割夫妻共同财产时，法院可以对该方可以少分或者不分；离婚后，另一方发现该方存在上述行为的，可以向人民法院提起诉讼，请求再次分割夫妻共同财产。一言以蔽之，法律通过制裁实施隐藏财产、伪

笔记区

造债务等不当行为的一方,实现对另一方合法财产权益的保护。

值得注意的是,实践中转移共同财产的手段还包括通过民事法律行为将财产移转给第三人,但这在法律上行不通。具体来说,存在两种可能:如果此种民事法律行为是基于虚假意思,如一方与亲朋好友虚构房屋买卖合同并移转登记,根据《中华人民共和国民法典》第146条第1款的规定,该民事法律行为无效。如果此种民事法律行为是基于真实意思,如一方将登记在自己名下的共有房屋无偿转让给亲朋好友,则此时该方构成对夫妻共有财产的无权处分,在另一方拒绝追认的情况下不发生物权变动的效力。因此,通过"法律途径"转移共同财产也是徒劳的。

在本案中,雷女士为了避免宋先生分得夫妻共同财产,在离婚前将这部分财产提前转移到小雷的账户上,构成了隐瞒、转移共同财产。如果进入法律程序,法院很有可能在分割共有财产时对雷女士予以少分或者不分。当然,如果宋先生在离婚以后才发现雷女士转移财产的行为,也可以向人民法院提起诉讼,请求再次分割共同财产。

知识链接

最高人民法院《关于适用〈中华人民共和国民法典〉婚姻家庭编的解释(一)》

第八十三条 离婚后,一方以尚有夫妻共同财产未处

笔记区

理为由向人民法院起诉请求分割的,经审查该财产确属离婚时未涉及的夫妻共同财产,人民法院应当依法予以分割。

第八十四条 当事人依据民法典第一千零九十二条的规定向人民法院提起诉讼,请求再次分割夫妻共同财产的诉讼时效期间为三年,从当事人发现之日起计算。

纠纷解决技巧

夫妻离婚时应当合法、妥当地分割夫妻共同财产。在处理此类纠纷时,“法律明白人”可以动之以情,并告知转移财产的法律后果,以促使有不当行为的一方主动悔改,给婚姻画上一个完整的句号。

试题

离婚前夫妻一方转移财产,另一方可以向法院主张的救济包括下列哪几项?(多选)(　　)①

A. 请求再次分割共同财产

B. 分割财产时对该方少分或者不分

C. 剥夺该方对子女的抚养权

D. 令该方因此负担离婚损害赔偿

---

① 答案:AB。

笔记区

35. 夫妻双方"假离婚"逃债，债权人有何法律救济？

案例

老张是养殖竹鼠的老师傅，在当地小有名气。小华高中毕业后，对养殖竹鼠技术很感兴趣，便拜老张为师。师徒二人很是投缘。小华聪明能干，与女友小芳领证结婚。为置办新房，小华以个人名义向老张借款10万元。老张欣然应允，约定5年后归还，不计利息。小华用此款购房，生活美满。

后国家规定，禁止食用竹鼠等野生动物，小华新建好的养殖场被迫关闭，小两口陷入困境。老张的处境也是如此，只好向小华讨要到期欠款。可让老张没想到的是，虽然小华和小芳还一起生活，但二人一个月前已协议离婚。二人的《离婚协议》约定："双方共有的房屋和家具归小芳所有，小华净身出户；婚内一切债务都由小华独自承担，与小芳无关。"面对身无分文的小华，老张想知道，他的10万元是否真的"打了水漂"？他能主张什么救济呢？

法律分析

首先，根据《中华人民共和国民法典》第1064条的规

笔记区

定，判断夫妻共同债务的标准主要是该笔借款是否用于夫妻双方共同生活或共同生产经营。虽然小华以个人名义向老张借款，但该笔借款发生在婚姻存续期间，且用于购买夫妻共同所有、共同生活的房屋，构成夫妻共同债务。

其次，《离婚协议》中由一方承担全部债务的约定，旨在将小芳应承担的债务份额全部转移给小华，与《中华人民共和国民法典》第 551 条规定的债务移转类似。根据该条规定和合同相对性原理，未得到债权人同意的债务移转不得约束债权人。基于此，根据最高人民法院《关于适用〈中华人民共和国民法典〉婚姻家庭编的解释（一）》第 35 条的规定，即便离婚协议已处理夫妻财产分割的问题，债权人仍可请求男女双方清偿全部夫妻共同债务，夫妻双方内部再根据离婚协议各自承担相应的债务。因《离婚协议》中将共同债务转移给小华的约定未得到老张同意，故不能约束老张。

同时，对债务人无偿处分自己财产的行为，《中华人民共和国民法典》第 538 条赋予了债权人撤销权，以防止债务人转移财产，逃避债务。据此，小华“净身出户”的约定属无偿处分财产，老张可以行使《中华人民共和国民法典》第 538 条的撤销权，申请撤销《离婚协议》中关于分割共同财产的约定。因此，老张可主张《离婚协议》中“小华承担一切债务”的约定对自己无效，并撤销“财产全归小芳所

笔记区

有”的约定,请求小华或小芳任意一人偿还 10 万元,或者二人共同偿还 10 万元。

知识链接

《中华人民共和国民法典》

第一千零八十九条 离婚时,夫妻共同债务应当共同偿还。共同财产不足清偿或者财产归各自所有的,由双方协议清偿;协议不成的,由人民法院判决。

第五百五十一条 债务人将债务的全部或者部分转移给第三人的,应当经债权人同意。

债务人或者第三人可以催告债权人在合理期限内予以同意,债权人未作表示的,视为不同意。

第五百三十八条 债务人以放弃其债权、放弃债权担保、无偿转让财产等方式无偿处分财产权益,或者恶意延长其到期债权的履行期限,影响债权人的债权实现的,债权人可以请求人民法院撤销债务人的行为。

最高人民法院《关于适用〈中华人民共和国民法典〉婚姻家庭编的解释(一)》第三十五条 当事人的离婚协议或者人民法院生效判决、裁定、调解书已经对夫妻财产分割问题作出处理的,债权人仍有权就夫妻共同债务向男女双方主张权利。

一方就夫妻共同债务承担清偿责任后,主张由另一方按照离婚协议或者人民法院的法律文书承担相应债务的，人民法院应予支持。

笔记区

纠纷解决技巧

本案中，“法律明白人”可建议老张先和小华小芳说明利害、讲清道理，劝其主动还债，协商不成再寻求法律救济。对小华和小芳来说，“一日为师，终身为父”，师生之间的深厚情谊值得珍惜。此外，逃避债务又有违法犯罪风险，二人应当以诚信为本，尽快主动还钱。

试题

夫妻离婚时约定“婚内债务均由男方承担”，离婚后，女方无须偿还哪些债务？（　　）[1]

A. 女方在婚内以个人名义申请的购置家用轿车的贷款

B. 男方在婚内以个人名义申请的购置二人共有房屋的贷款

C. 婚内二人共同经营超市所欠的货款

D. 以上选项都不正确

① 答案：D。

笔记区

36.“假离婚”买房，靠谱吗？

案例

黄先生和洪女士结婚十年，有一个八岁的孩子。两人凭借多年的努力工作，已经有一定的经济实力，现正盘算在所在的城市购买第二套住房。可是，根据当地的信贷政策，以家庭为单位，只有首套房的购买者才能享受按揭贷款利率折扣的优惠；如果是购买第二套房，贷款利率不仅没有折扣，还会上浮，而且首付比例也会提高许多。一琢磨，黄先生提出了“假离婚”的方案，也就是他们夫妻两人先协议离婚，这样名下无房的洪女士就获得了首套房的购房资格。购房后，两人再自行复婚。这样就能早几年凑齐所需要的首付款。可是，洪女士总觉得有些不安。洪女士的担心有道理吗？

法律分析

从我国司法实践来看，基于对离婚登记的尊重，绝大多数法院都会认定，只要正常办理了离婚登记，婚姻关系就被解除。换言之，法律上没有“假离婚”，只有真离婚。本案所涉及的假离婚买房显然是不靠谱的，蕴含诸多风险：其一，“假戏真做”的风险。在不少情形下，假离婚可能

笔记区

演化成真离婚。其二，目的落空的风险。在不少地方，有关方面为了避免政策调控被架空，已经采取了应对假离婚的措施。例如，在贷款政策方面，“离婚一年以内的房贷申请人”仍无法享受首套房的优惠政策。如此一来，至少短时间内的假离婚就仍然无法实现政策套利的目的。其三，在有些情形下，如假离婚骗取拆迁款等，在实践中还可能会被认定为构成诈骗罪，引发刑事责任。这更是得不偿失。

知识链接

《中华人民共和国民法典》第一百四十六条 行为人与相对人以虚假的意思表示实施的民事法律行为无效。

以虚假的意思表示隐藏的民事法律行为的效力，依照有关法律规定处理。

中国人民银行营业管理部、中国银行业监督管理委员会北京监管局、北京市住房和城乡建设委员会、北京住房公积金管理中心《关于加强北京地区住房信贷业务风险管理的通知》（2017 年） 二、对离婚一年内的贷款人实施差别化住房信贷政策，从严防控信贷风险 据有关方面反映，近期，购房家庭通过离婚手段享受首套住房贷款政策的情形有所增加，这既影响了调控政策效果，也容易产生财产纠纷、还款能力下降等问题，增加商业银行住房信贷风险。因此，对于离婚一年以内的房贷申请人，各商业银

笔记区

行应参照二套房信贷政策执行；申请住房公积金贷款的，按二套住房公积金贷款政策执行。

纠纷解决技巧

假结婚、假离婚旨在追求对应的婚姻状态背后的各种利益。从国家法律政策的角度讲，这些行为有可能被消极评价；对行为当事人来说，这就意味着相应的种种风险。因此，当事人在作出假结婚、假离婚的决定时，一定要慎之又慎，全面分析潜在的风险，权衡利弊得失。“法律明白人”如果介入此类纠纷，原则上应予以劝阻，并借助典型案例，为当事人讲解其中的法律风险，告诫其千万别因小失大。

试题

下列选项中，哪些属于“假离婚”面临的法律风险？（多选）（　　）①

A. 一方“假戏真做”，“假离婚”后拒绝与另一方复婚

B. 有关方面已有应对措施，“假离婚”难以实现政策套利

C. 以“假离婚”骗取相应补贴，可能构成诈骗罪

D. “假离婚”的夫妻属于失信被执行人，子女上学、就业将受影响

---

① 答案：ABC。

笔记区

▶ 37. 夫妻离婚时签订的财产分割协议，可以反悔吗？

案例

小黄和小金协议离婚，离婚协议里载明：(1)孩子由母亲即小金抚养，小黄定期支付抚养费若干。(2)为了孩子的健康成长，婚后购买的房产(价值100万元)由小金单独所有；婚后存款20万元，一人一半。此外，两人无其他财产可分割。但是，双方办理离婚登记不久后，小黄的一个朋友听说此事后为小黄不值，小黄听后也有些后悔，想找小金再要40万元。小黄的请求在法律上能成立吗？

法律分析

离婚财产分割协议是离婚协议的一部分，两者性质上都属于合同，大体也受制于合同法有关规则的调整。离婚财产分割协议有以下两点应予关注：其一，离婚财产分割协议是离婚协议不可分割的一部分。离婚协议中通常包含三类约定：狭义的离婚(解除婚姻关系)、子女抚养以及财产分割。三类约定的效力密切关联。因此，如果夫妻双方最终并未协议离婚，则其他两类约定也不生效力；相反，如果双方已经实际协议离婚，其他两项约定原则上也无从

笔记区

被撤销或修正。其二,作为例外,如果离婚财产分割协议存在欺诈、胁迫等意思表示瑕疵的情形,因此遭受不利的一方有权请求撤销离婚财产分割协议。与之类似,在理论上,如果狭义的协议离婚并非双方自愿,而是一方被另一方胁迫而为之,同样也有撤销余地。

在本案中,小黄和小金的离婚财产分割协议(以及离婚协议)是双方真实的意思表示,并不存在欺诈、胁迫等情形;财产分割虽然不均,但系小黄自愿照顾女方和子女而为之,并无可撤销的余地。因此,小黄在法律上无权再向小金请求支付40万元。

知识链接

最高人民法院《关于适用〈中华人民共和国民法典〉婚姻家庭编的解释(一)》第七十条 夫妻双方协议离婚后就财产分割问题反悔,请求撤销财产分割协议的,人民法院应当受理。

人民法院审理后,未发现订立财产分割协议时存在欺诈、胁迫等情形的,应当依法驳回当事人的诉讼请求。

纠纷解决技巧

有约必守,不仅是中华民族的传统美德,也是法律的基本要求。在夫妻这种特殊的亲密关系中,合同内容虽然可能呈现不同的样态,但是,在很大程度上依然适用合同法的一般规则。只要合同双方当事人的意思表示真实，原则上就应予以尊重，而无撤销或反悔的余地。

笔记区

试题

关于离婚财产分割协议，下列说法正确的是？（多选）（　　）①

A. 双方当事人达成的离婚财产分割协议，原则上不具有法律约束力

B. 离婚财产分割协议只有经过公证，才对当事人具有法律约束力

C. 如果当事人离婚未成，离婚财产分割协议原则上不发生效力

D. 如果在订立离婚财产分割协议时一方存在胁迫行为，另一方可以撤销协议

① 答案：CD。

笔记区

▶ 38. 老人将房屋赠与独生子女后，却被“扫地出门”，法律上有何救济？

案例

老许早年丧偶，辛苦打拼大半生，一个人把孩子养育大，还在老家买了一套房子，父子俩一起在这栋房子里居住。老许想，自己年岁大了，儿子小许与女友相恋已经数年，也到了该娶媳妇的年纪，不如把房子送给他。于是，老许和小许到房管局办理了房屋过户登记，将房屋登记在小许的名下。几个月之后，小许与女友顺利成婚。不料，婚后二人认为老许与他们同住妨碍了他们的生活，居然狠下心对老许下了“逐客令”，要求老许从房子里搬出去。老许欲哭无泪，他能主张什么法律救济呢？

法律分析

老人将房屋赠与给独生子女，独生子女“忘恩负义”的，老人首先可以考虑撤销赠与。根据《中华人民共和国民法典》第663条的规定，如果受赠人“对赠与人有扶养义务而不履行”，赠与人可以在知道或者应当知道撤销事由之日起一年内撤销赠与。成年子女对父母负有赡养义务，而为父母提供住所当然属于赡养义务的范围。所以，将老

笔记区

人“扫地出门”、让父母居无定所，构成本条中的“有扶养义务而不履行”，老人有权以此为由撤销赠与。如果老人在知道或者应当知道一年内未撤销赠与，或者老人基于各种考虑不愿意撤销赠与，则可以考虑替代性的救济，如让子女支付赡养费。《中华人民共和国民法典》第1067条第2款规定，“成年子女不履行赡养义务的，缺乏劳动能力或者生活困难的父母，有要求成年子女给付赡养费的权利”。因此，如果老人在被“赶出家门”以后，出现生活困难、无家可归或者无力支付房租等情况，可以请求子女支付赡养费。

其实，除寻求上述事后救济外，老人还可以在实施赠与行为时设立居住权，为自己提供事前的保障。具体来说，老人可以在与子女订立赠与合同时，同时订立书面的居住权合同，约定老人对该房屋享有居住的权利，并在办理房屋过户登记时同时办理居住权登记。如此一来，老人就能在赠与房屋的同时，享有安居在该房屋内的法律保障。

知识链接

《中华人民共和国民法典》

第三百六十六条 居住权人有权按照合同约定，对他人的住宅享有占有、使用的用益物权，以满足生活居住的需要。

笔记区

第三百六十八条　居住权无偿设立，但是当事人另有约定的除外。设立居住权的，应当向登记机构申请居住权登记。居住权自登记时设立。

纠纷解决技巧

法律不保护忘恩负义的人，更何况是父母的养育之恩。因此，父母可以拿起法律的武器，惩罚忘恩负义的子女。这不仅是对自己的保障，也是对子女的教育。在处理此类纠纷时，除了前述两种处理方法外，"法律明白人"可以根据实际情况，劝说当事人接受折中方案，比如让父母租房，并由子女负担或者部分负担父母租房的费用。

试题

下列关于老人将房屋赠与独生子女的说法，错误的是哪一项？(　　)[1]

A. 如果子女将老人赶出房屋，老人可以在一年内撤销赠与

B. 老人因子女"忘恩负义"而撤销赠与的，子女应当返还房屋

C. 如果老人设立了居住权，子女无权将老人赶出房屋

D. 老人对房屋的居住权在居住权合同成立时设立

---

① 答案：D。

笔记区

39. 成年子女"啃老",父母怎么办?

案例

杨某与吴某儿子小杨是一个典型的"啃老族",都已经20岁了却拒绝外出工作,整日在家游手好闲,衣来伸手,饭来张口。最近,小杨还染上了网络赌博的恶习,欠了好几万赌债,让本不富裕的家庭雪上加霜。杨某与吴某对小杨实在忍无可忍,凑钱替小杨还了赌债以后,将小杨赶出了家,逼他去找一份工作。但是,小杨不乐意了,声称房子是家庭共同财产,自己也"有份儿",父母不仅无权将自己赶走,还应该给自己支付抚养费。小杨说得对吗?

法律分析

父母对子女的抚养义务是有限的。根据《中华人民共和国民法典》第1067条第1款的规定,父母只对未成年子女或者不能独立生活的成年子女负担抚养义务。所谓"不能独立生活",根据最高人民法院《关于适用〈中华人民共和国民法典〉婚姻家庭编的解释(一)》第41条的界定,主要是指"尚在校接受高中及其以下学历教育,或者丧失、部分丧失劳动能力等非因主观原因而无法维持正常生活"等情形。显然,本案中的小杨不属于此处的"不能独立生

笔记区

活”。因此，杨某与吴某不对小杨负有抚养义务，当然也无须支付扶养费。

至于小杨主张自己有权继续居住在父母的房屋中，也缺乏法律上的依据。房屋是父母的夫妻共同财产，双方有平等的处理权。因此，房屋由谁居住、何时居住，都取决于夫妻双方的意思。既然夫妻双方已经对“赶走小杨”达成了合意，小杨便无权继续在房屋内居住。如果小杨还赖在家中不走，就构成了对父母房屋所有权的侵犯。总之，如果杨某与吴某不愿意对小杨提供经济上的帮助，小杨就无权强行“啃老”，否则可能承担侵权责任。

知识链接

《中华人民共和国民法典》

第二十六条 父母对未成年子女负有抚养、教育和保护的义务。

成年子女对父母负有赡养、扶助和保护的义务。

第一千零六十七条第一款 父母不履行抚养义务的，未成年子女或者不能独立生活的成年子女，有要求父母给付抚养费的权利。

纠纷解决技巧

古人云：“父母之爱子，则为之计深远。”父母都望子成龙、望女成凤，但若教育不当，子女反倒可能成为“啃老一

笔记区

族”。正如本案,夫妻二人将儿子从家中“赶出去”,并不意味着就此断绝亲子关系、老死不相往来,而是一种无可奈何的家庭教育方式。在遇到相似情况时,这种做法肯定不是首选方案,父母还是应该尽可能与孩子沟通、交流,让孩子意识到自力更生的重要性。当然,最行之有效的方案,是从小就注重孩子的家庭教育,培养孩子独立自主的能力,做到既“不缺爱”又“不溺爱”。

试题

父母对以下哪一类子女,不负有抚养义务?(　　)①

A. 未成年子女

B. 正在上高中的成年子女

C. 毕业后未工作的成年子女

D. 重度残疾的成年子女

---

① 答案:C。

笔记区

40. 养女成年后找到亲生父母，想解除收养关系，养父母该怎么办？

案例

龙某与林某夫妻生活和睦，但二人却一直膝下无子。二人商议后，决定在孤儿院领养了一个小女孩妞妞，并办理了相关手续。十余年过去，妞妞已经成年，在朋友的帮助下，通过互联网找到了自己的亲生父母。面对生父生母的呼唤，妞妞跟龙某与林某说明了情况，并表明自己想解除收养关系。龙某与林某该怎么办？

法律分析

由于新的父母子女关系需要较长时间才能发展与稳定，收养关系原则上具有终局性。这也就意味着，除非法律另有规定，收养关系原则上不得解除。更具体地说，在被收养人成年以前，应该严格限制收养人解除收养，以保证被收养人的健康成长；在被收养人成年以后，应该严格限制被收养人解除收养，以保障收养人的晚年生活。

根据《中华人民共和国民法典》的相关规定，收养的解除主要有两种类型：一是协议解除（《中华人民共和国民法典》第1114条、第1115条、第1116条），即由当事人达成解

笔记区

除收养关系的协议之后,到民政部门办理登记;二是法定解除(《中华人民共和国民法典》第 1114 条、第 1115 条),即由有解除权的一方当事人通过向人民法院起诉的方式解除收养关系。在被收养人已经成年的情况下,如果被收养人希望解除收养关系,只能基于协议解除,或者基于“养父母与成年养子女关系恶化”而起诉解除。除此之外,成年的被收养人无权解除收养关系。因此,在本案中,妞妞未必能解除收养关系。一方面,龙某和林某可以拒绝与妞妞达成解除收养关系的协议;另一方面,养父母与养女之间的关系并未恶化到可以解除收养的地步。当然,强迫妞妞与养父母之间维持收养关系,可能会造成两方关系的恶化,不见得是明智之举。不过,就算妞妞基于协议解除或者法定解除而结束了收养关系,并恢复了其与生父母的亲子关系(《中华人民共和国民法典》第 1117 条),也不意味着她可以在法律上彻底“摆脱”养父母。依照《中华人民共和国民法典》第 1118 条第 1 款的规定,如果龙某与林某在收养关系解除以后既缺乏劳动能力又缺乏生活来源,妞妞应当向二人给付生活费。

知识链接

《中华人民共和国民法典》

第一千一百一十四条 收养人在被收养人成年以前,

笔记区

不得解除收养关系，但是收养人、送养人双方协议解除的除外。养子女八周岁以上的，应当征得本人同意。

收养人不履行抚养义务，有虐待、遗弃等侵害未成年养子女合法权益行为的，送养人有权要求解除养父母与养子女间的收养关系。送养人、收养人不能达成解除收养关系协议的，可以向人民法院提起诉讼。

第一千一百一十五条 养父母与成年养子女关系恶化、无法共同生活的，可以协议解除收养关系。不能达成协议的，可以向人民法院提起诉讼。

第一千一百一十六条 当事人协议解除收养关系的，应当到民政部门办理解除收养关系登记。

第一千一百一十七条 收养关系解除后，养子女与养父母以及其他近亲属间的权利义务关系即行消除，与生父母以及其他近亲属间的权利义务关系自行恢复。但是，成年养子女与生父母以及其他近亲属间的权利义务关系是否恢复，可以协商确定。

第一千一百一十八条 收养关系解除后，经养父母抚养的成年养子女，对缺乏劳动能力又缺乏生活来源的养父母，应当给付生活费。因养子女成年后虐待、遗弃养父母而解除收养关系的，养父母可以要求养子女补偿收养期间支出的抚养费。

生父母要求解除收养关系的，养父母可以要求生父母适当补偿收养期间支出的抚养费；但是，因养父母虐待、遗弃养子女而解除收养关系的除外。

笔记区

纠纷解决技巧

作为收养纠纷的中间人，“法律明白人”需要充分了解收养解除背后的原因，然后对症下药。在本案中，一面是养女子希望回归亲生父母的怀抱，另一面是养父母不忍让自己视为己出的养子女离自己而去，两边都很难退让。但是，如果养子女去意已决，强人所难也是徒劳的。此时，可以考虑劝告养父母退让放手，毕竟在收养解除以后，法律还为养父母提供了配套的法律保障。此外，对养子女也应多加开导，生育之恩、养育之恩都是大恩，非此即彼的选择往往艰难，应尽可能兼顾。

试题

下列选项中，哪一项不能导致收养关系的解除？（　　）①

A. 养父母与成年养子女关系恶化、无法共同生活

B. 被收养人成年以前，收养人与送养人协议解除

C. 送养人未向收养人支付抚养费

D. 收养人虐待未成年被收养人

① 答案：C。

笔记区

41. 老人去世未留下遗嘱，哪些人可以分遗产？

案例

老李晚年疾病缠身，而妻子早已过世。老李和妻子共育有三个子女，长子李大早已举家定居国外，父子间少有联系，只是逢年过节有个问候。老李有退休工资，对此倒也不在意。长女李二出嫁后，较少回家，但其收入较好，更有孝心，定期给父亲邮寄赡养费，老李的日常医疗费用也都由李二支付。次子李三娶妻后一直携妻儿与父母同住，母亲去世后，老李的日常起居都由李三一家照料。

老李病故，未留下遗嘱，只留下一套房产和存款若干。李大、李二、李三均认为，自己有权相应继承老李的上述遗产。

法律分析

根据《中华人民共和国民法典》第1123条的规定，继承开始后，有遗嘱的，按照遗嘱继承或者遗赠办理；没有遗嘱的，按法定继承办理。由于老李生前没有立下遗嘱，其亲属只能按照法定继承的相关规定进行遗产分割。

在我国，法定继承按照一定顺序或顺位进行。根据《中华人民共和国民法典》第1127条的规定，第一顺序法

笔记区

定继承人包括配偶、子女、父母，第二顺序法定继承人为兄弟姐妹、祖父母、外祖父母；没有第一顺序继承人时，第二顺序继承人才能继承。本案中，老李没有兄弟姐妹，父母和配偶也早已不在，其三个子女——李大、李二、李三均为第一顺序继承人。

需要注意的是，遗产在法定继承人之间并非总是平均分配。法定继承人是否有特殊生活困难、是否尽到赡养义务等，都是影响分配比例的重要因素。对本案，主要涉及当事人履行赡养义务的情况。根据最高人民法院《关于适用〈中华人民共和国民法典〉继承编的解释（一）》第 19 条的规定，在本案中，李二“出钱”、李三“出力”都可以被认为是在履行赡养义务。至于李大，他既未“出钱”也未“出力”，通常应认为未履行应尽的赡养义务。不过，前述司法解释第 22 条还规定：“继承人有扶养能力和扶养条件，愿意尽扶养义务，但被继承人因有固定收入和劳动能力，明确表示不要求其扶养的，分配遗产时，一般不应因此而影响其继承份额。”鉴于老李有退休工资且并不介意李大的行为，原则上李大的继承份额也不应受到影响。

知识链接

《中华人民共和国民法典》

第一千一百二十三条　继承开始后，按照法定继承办

笔记区

理;有遗嘱的,按照遗嘱继承或者遗赠办理;有遗赠扶养协议的,按照协议办理。

第一千一百二十七条 遗产按照下列顺序继承:

(一)第一顺序:配偶、子女、父母;

(二)第二顺序:兄弟姐妹、祖父母、外祖父母。

继承开始后,由第一顺序继承人继承,第二顺序继承人不继承;没有第一顺序继承人继承的,由第二顺序继承人继承。

本编所称子女,包括婚生子女、非婚生子女、养子女和有扶养关系的继子女。

本编所称父母,包括生父母、养父母和有扶养关系的继父母。

本编所称兄弟姐妹,包括同父母的兄弟姐妹、同父异母或者同母异父的兄弟姐妹、养兄弟姐妹、有扶养关系的继兄弟姐妹。

第一千一百三十条 同一顺序继承人继承遗产的份额,一般应当均等。

对生活有特殊困难又缺乏劳动能力的继承人,分配遗产时,应当予以照顾。

对被继承人尽了主要扶养义务或者与被继承人共同生活的继承人,分配遗产时,可以多分。

有扶养能力和有扶养条件的继承人,不尽扶养义务的，分配遗产时，应当不分或者少分。

笔记区

继承人协商同意的，也可以不均等。

纠纷解决技巧

对继承权纠纷，仍应当坚持当事人协商一致优先的原则。只有当事人在平等自愿的基础上，通过谈判、磋商，互相作出一定妥协和让步，才能从根本上化解纠纷。

在继承权纠纷中，由于家事案件中有许多情感纠葛，对此，以事实清楚、证据确实充分为标准，当事人应尽全力收集、提供全面且详细的证据材料以证明案件事实。

试题

张三和妻子李四膝下无子。现张三过世，留下遗产若干，未留下遗嘱，请问谁可以继承张三的遗产？（　　）①

A. 妻子李四

B. 张三的姐姐张二

C. 岳父李甲

D. 以上所有人都可以继承

① 答案：A。

笔记区

42. 孤寡老人去世留下巨额遗产，谁可以主张权利？

案例

家住农村的王老太早年丧夫，膝下无子，一人生活。邻居老张常常帮王老太一些力所能及的忙。王老太的旧屋年久失修，老张将王老太接到自己家里，然后为王老太修缮房屋；王老太摔倒骨折，老张自掏腰包将王老太送到医院，围着病床忙前忙后，待到王老太康复了才安心歇息；王老太逐渐体弱多病，也是老张雇了个护工整日伴在王老太身旁照料她。前几日，王老太去世了，老张还按照当地风俗为她操办了后事。人们在收拾王老太遗物的时候发现，王老太留有20万元的存款。人们想起，王老太生前口头说过希望将财产赠与老张，但并未立下遗嘱。村民们这下犯了难，该如何处理王老太的遗产呢？

法律分析

根据《中华人民共和国民法典》第1160条的规定，王老太既没有法定继承人，又未立遗嘱，故其遗产原则上应归村集体所有。然而本案的特殊情况在于，老张在王老太生前对之进行了许多的照顾。

笔记区

根据《中华人民共和国民法典》及相关司法解释规定，继承人以外的对被继承人扶养较多的人，可以分给适当的遗产。具体而言，如果遗产本有继承人，人民法院应根据具体情况分给其遗产，其分得的部分可以多于或者少于继承人；如果是无人继承的遗产，该人须向人民法院提出取得遗产的诉讼请求，人民法院应当视情况适当分给其遗产。这一规则克服了法定继承的局限，让对被继承人扶养较多的人也能取得适当的遗产，鼓励了人与人之间的相互扶助。

至于何为“适当的遗产”，则由人民法院根据该人扶养被继承人的程度、该人的生活状况以及被继承人遗产的总量等因素进行裁量。所以，在本案中，老张可以向人民法院起诉，提出取得王老太遗产的诉讼请求。考虑老张几乎是王老太唯一的生活依靠，王老太生前又有将遗产赠与老张的意思表示，人民法院可以酌定将绝大多数甚至全部的遗产分给老张。

知识链接

《中华人民共和国民法典》

第一千一百三十一条　对继承人以外的依靠被继承人扶养的人，或者继承人以外的对被继承人扶养较多的人，可以分给适当的遗产。

笔记区

第一千一百六十条　无人继承又无人受遗赠的遗产，归国家所有，用于公益事业；死者生前是集体所有制组织成员的，归所在集体所有制组织所有。

最高人民法院《关于适用〈中华人民共和国民法典〉继承编的解释（一）》

第二十条　依照民法典第一千一百三十一条规定可以分给适当遗产的人，分给他们遗产时，按具体情况可以多于或者少于继承人。

第四十一条　遗产因无人继承又无人受遗赠归国家或者集体所有制组织所有时，按照民法典第一千一百三十一条规定可以分给适当遗产的人提出取得遗产的诉讼请求，人民法院应当视情况适当分给遗产。

纠纷解决技巧

相互扶助、尊老爱幼是中华民族的传统美德，也是社会主义核心价值观的应有之义。将无人继承的遗产适当分给扶养被继承人较多的人，将鼓励继承人之外的人积极赡养身边的老人，实现法律效果与社会效果的统一。值得提示的是，法律上可以酌情分给遗产的人，除继承人之外的对被继承人扶养较多的人，还包括继承人以外的依靠被继承人扶养的人。后者旨在避免依靠被继承人扶养的人在被继承人去世后生活水平无法得到保障，通常也契合被

笔记区

继承人的意愿。

以本案为代表的遗产问题，通常不会引起纠纷，只需照顾被继承人的人和村集体达成一致意见即可。但如果被继承人的远房亲戚坚持对遗产主张权利，“法律明白人”还须从他们并非法定继承人，也未尽到任何扶养义务等角度，向其做好解释工作。

试题

关于无人继承的遗产，下列哪一项说法是正确的？(　　)①

A. 一律归国家所有

B. 一律归集体所有制组织所有

C. 可以适当分给扶养死者较多的人

D. 可以适当分给死者的远房亲戚

---

① 答案：C。

笔记区

▶ 43. 遗产分割时应当保留胎儿的份额吗?

案例

小张与小芳相爱。二人登记结婚后不久小芳就有了身孕。可是,小张还没见到孩子,就意外去世,留下存款12万元,没有遗嘱。小张父母和小芳约定各自继承3万元,再留3万元给即将出生的孩子。

不久,小芳产下三胞胎。大娃平安降生,二娃出生不久后夭折,三娃娩出时便是死体。小芳觉得先前遗产分割不公平,便找老张夫妇交涉。小芳认为,三胞胎每个孩子都应分一份遗产,三个大人和三个孩子每人应分得2万元。老张夫妇则认为,只有一个孩子活着,还应按三个大人和一个孩子每人3万元来分。那么,小张的遗产应如何分配?

法律分析

《中华人民共和国民法典》第16条规定了胎儿在特定情形下具有民事权利能力。所谓民事权利能力,是指民事主体享有民事权利、承担民事义务的法律资格。自然人的民事权利能力始于出生,终于死亡。"未出生"的胎儿未与母体分离,不是独立的自然人,因此没有民事权利能力。

但出于保护胎儿利益的考虑,在遗产继承、接受赠与等涉及胎儿利益保护的情况下,胎儿被视为具有民事权利能力,但胎儿娩出时为死体的除外。

基于同样的考虑,《中华人民共和国民法典》第 1155 条规定了遗产分割时,应保留胎儿的继承份额。如果应保留的份额没有保留,根据最高人民法院《关于适用〈中华人民共和国民法典〉总则编若干问题的解释》第 4 条和最高人民法院《关于适用〈中华人民共和国民法典〉继承编的解释(一)》第 31 条等有关规定,在胎儿娩出前,父母作为其法定代理人可以主张为胎儿保留份额;胎儿娩出后,父母可以代理孩子请求其他继承人返还相应份额的遗产。

如果胎儿死亡,应分情况处理。根据最高人民法院《关于适用〈中华人民共和国民法典〉继承编的解释(一)》第 31 条第 2 款,如果胎儿出生后死亡的,应认为娩出后胎儿具有民事权利能力,可取得相应的遗产份额,胎儿死亡时,这部分遗产份额作为胎儿的"遗产",由胎儿的继承人继承;如果胎儿娩出时是死体的,则认为胎儿自始没有民事权利能力,不能取得相应的遗产,原本为其保留的遗产份额又"恢复"为被继承人的遗产,由其继承人继承。

在本案中,小张没有留下遗嘱,适用法定继承。小张的第一顺位继承人包括父母、妻子和 3 个孩子,共 6 人,每人应分得 2 万元。三娃出生时即死体,自始不具有民事权

笔记区

利能力，他本可分得的 2 万元应在小张其余的第一顺位继承人之间分配，即其余五人每人再分得 4000 元。二娃出生后夭折，出生时有民事权利能力，可分得 24,000 元，二娃死亡时的第一顺位继承人只有母亲小芳，应由小芳继承 24,000 元。因此，对小张留下遗产的 12 万元，小芳应继承 48,000 元，老张夫妇和大娃每人各自继承 24,000 元。

知识链接

《中华人民共和国民法典》

第十三条 自然人从出生时起到死亡时止，具有民事权利能力，依法享有民事权利，承担民事义务。

第十六条 涉及遗产继承、接受赠与等胎儿利益保护的，胎儿视为具有民事权利能力。但是，胎儿娩出时为死体的，其民事权利能力自始不存在。

第一千一百五十五条 遗产分割时，应当保留胎儿的继承份额。胎儿娩出时是死体的，保留的份额按照法定继承办理。

最高人民法院《关于适用〈中华人民共和国民法典〉继承编的解释(一)》第三十一条 应当为胎儿保留的遗产份额没有保留的，应从继承人所继承的遗产中扣回。

为胎儿保留的遗产份额，如胎儿出生后死亡的，由其继承人继承；如胎儿娩出时是死体的，由被继承人的继承

笔记区

人继承。

最高人民法院《关于适用〈中华人民共和国民法典〉总则编若干问题的解释》第四条 涉及遗产继承、接受赠与等胎儿利益保护,父母在胎儿娩出前作为法定代理人主张相应权利的,人民法院依法予以支持。

纠纷解决技巧

家人之间应该以和为贵,优先通过调解化解纠纷。同时,法定遗产分割虽然力求公平合理,但无法完全顾及个案中的各种具体的人际关系。在遵循法律得到遗产分割方案外,想要使家庭和睦,还需要各方当事人积极沟通、彼此理解。

试题

小张因难产去世。小张去世时,下列人员中,谁能继承小张的遗产?(   )[1]

A. 小张父亲

B. 小张丈夫

C. 出生半月后夭折的孩子

D. 以上均可以

---

① 答案:D。

笔记区

44. 儿子已去世,孙子可以分老人的遗产吗?

案例

老王中年丧妻,独自一人将两个儿子王大、王二抚养大。王家兄弟俩收入原本都不错,可是,王二近年迷上赌博,家业很快被败光,常向父亲和哥哥要钱。渐渐二人不再给钱,老王也总跟王二说,“再不戒赌就把钱都留给老大”。王二常念叨,“要是没了老大,我爸的钱以后都是我的”。某天,他借着酒劲杀害了王大,酒醒后吓破了胆,一命呜呼。老王闻讯伤心欲绝,不久也撒手人寰。

对老王留下的存款,由于没有遗嘱,王大的儿子小明认为,父亲和二叔都不在了,爷爷又是被二叔气死的,钱应由他继承。王二的女儿小芳认为,多年来一直是她在照顾老王,也应分得一部分。请问:二人能否继承老王的遗产?

法律分析

在法定继承中,根据《中华人民共和国民法典》第1128条第1款的规定,被继承人的子女先于被继承人死亡的,被继承人子女的直系晚辈血亲(子女、孙子女、外孙子女等)可以“代位继承”被继承人子女原本有权继承的遗产份额。“有权继承”的前提之一是，死亡在先的继承人不因《中华人民共和国民法典》第1125条第1款而丧失继承权。根据该规定，为争夺遗产而杀害其他继承人的，丧失继承权。据此推论，丧失继承权的继承人之子女也无从“代”该继承人之“位”，继承被继承人的遗产。

但也有例外，依照最高人民法院《关于适用〈中华人民共和国民法典〉继承编的解释(一)》第17条的规定，丧失继承权之继承人的晚辈直系血亲如果缺乏劳动能力又没有生活来源，或者对被继承人尽了较多赡养义务，可以适当分给遗产。这背后的考虑是，丧失继承权是继承人之“过”，其子女是无辜的，因此，在丧失继承权的继承人之子女(以及其他晚辈直系血亲)面临特殊困境时，仍应予以照顾，这通常也契合被继承人的意愿。

本案中，老王没有立遗嘱，应适用法定继承。王大和王二是老王的儿子，都先于老王死亡。小明是王大的儿子，王大享有继承权，小明可以代位继承老王的财产。小红是王二的女儿，王二虽因杀害王大而丧失继承权，但小红对老王赡养较多，可适当分得遗产。就份额而言，小明作为唯一的(法定)代位继承人，有权分得遗产的主要部分；小芳仅能根据赡养老人的实际情况适当分得遗产。

笔记区

知识链接

《中华人民共和国民法典》

第一千一百二十八条　被继承人的子女先于被继承人死亡的，由被继承人的子女的直系晚辈血亲代位继承。

被继承人的兄弟姐妹先于被继承人死亡的，由被继承人的兄弟姐妹的子女代位继承。

代位继承人一般只能继承被代位继承人有权继承的遗产份额。

第一千一百二十五条　继承人有下列行为之一的，丧失继承权：……（二）为争夺遗产而杀害其他继承人；……

最高人民法院《关于适用〈中华人民共和国民法典〉继承编的解释（一）》

第十四条　被继承人的孙子女、外孙子女、曾孙子女、外曾孙子女都可以代位继承，代位继承人不受辈数的限制。

第十五条　被继承人的养子女、已形成扶养关系的继子女的生子女可以代位继承；被继承人亲生子女的养子女可以代位继承；被继承人养子女的养子女可以代位继承；与被继承人已形成扶养关系的继子女的养子女也可以代位继承。

第十六条　代位继承人缺乏劳动能力又没有生活来源，或者对被继承人尽过主要赡养义务的，分配遗产时，可以多分。

笔记区

纠纷解决技巧

孝是中华民族的传统美德，家是人们无比重视的社会单位。《中华人民共和国民法典》既保护遗产尽可能在直系亲属中流转，又鼓励相亲相爱、养老扶幼的善心善行。对本案中的孙子孙女来说，即便父辈不幸离世或犯下大错，只要始终保持善心孝心，他们的合法权益也都将得到法律的支持和保护。至于如何分配遗产，"法律明白人"在向其说明法律的规定和背后精神之后，原则上还应以和为贵，促使其达成遗产分割协议；若仍有争议才应向人民法院起诉。

试题

老张的独生子小张意外身亡，老张因过于悲痛，不久也离世，未留下遗嘱。下列人员中，谁能继承老张的遗产？（　　）①

A. 小张的儿子小强　　B. 老张的姐姐

C. 老张的表姐　　D. 老张的表姐夫

---

① 答案：A。

笔记区

45. 如何确保独生女获得父母的全部遗产?

案例

老钱与妻子老杨身体状况大不如从前,也开始思考百年后的遗产安排。两人仅有一独生女儿小钱,刚刚结婚,尚未生育。财产方面,仅有县城的房产一套,存款若干。老两口想确保两人仅有的财产都能留给女儿。老钱和老杨均有兄弟姐妹、侄子侄女等若干;此外,老杨还有一老母在世。老杨和老钱想知道,自己如何安排,才能实现由小钱而非其他人继承两人的全部遗产?

法律分析

父母如果想将所有财产留给独生子女,一般说来有三种途径:

第一,生前赠与。例如,父母在世时就可以将房屋过户给子女(当然,可以同时为自己保留占有、使用的权利)、将存款转到子女名下。但是,这样做也有不便或者不利,例如,如果作为赠与人的父母改变了想法想重新处分有关财产,在法律上基本就行不通。因为在一般情况下,赠与合同一旦履行完毕,子女作为受赠人就成为房屋、存款等财产的所有权人。

笔记区

第二,遗嘱。遗嘱与生前的赠与相似,但是仅在被继承人死亡时才发生效力,因而理论上也被称为“死因赠与”。根据我国法律规定,遗嘱的种类很多,但都需要满足一定的形式要求,如亲笔书写、签名、公证等。一方面,遗嘱能够确保被继承人生前对遗产享有绝对的权利;另一方面,又能够完全依照被继承人的意愿处分遗产,是较理想的财产处置手段。但是,如何制定一份有效的、事后可以证明且不容易引发争议的遗嘱,并非易事,往往需要专业人士介入,因而意味着被继承人需要承担一定的成本。

第三,法定继承。这适用于没有遗嘱的继承场合,最为方便。但是,对想将遗产留给独生子女的老夫妻来说,也存在如下不足:(1)若被继承人的父母仍在世,部分遗产可能会由其父母取得,进而部分分配给被继承人的兄弟姐妹及其子女;(2)被继承人独生子女的配偶也可能会取得部分遗产。因为根据现行法规定,婚后夫妻一方的法定继承所得是夫妻共同财产。

综上,在本案中,如果老钱和老杨希望万无一失,最好提前订立遗嘱。此外,也可以在生前将重要财产(如房产)转移至小钱名下。

笔记区

知识链接

《中华人民共和国民法典》第一千一百三十三条第一款、第二款 自然人可以依照本法规定立遗嘱处分个人财产,并可以指定遗嘱执行人。

自然人可以立遗嘱将个人财产指定由法定继承人中的一人或者数人继承。

纠纷解决技巧

原则上,订立遗嘱应委托专业人士去办理。作为一种便利和经济的替代,也可以向"法律明白人"求助。为此,"法律明白人"至少应当掌握两方面的技能:第一,相关法律知识,如遗嘱的类型和形式要求、法定继承的范围和风险等;第二,具有当地的法律专业人士资源,以便当事人在实际需要时可以及时获得专业的法律服务。"法律明白人"应该向当事人分析清楚各种途径的利弊,供当事人选择。

试题

为保证独生子女获得全部遗产,父母可以采取哪些措施?(多选)(　　)①

A. 生前赠与　　B. 立遗嘱

C. 为子女设立居住权　　D. 向子女设置遗赠

① 答案:AB。

笔记区

46. 父母一方去世而另一方健在，子女可以分遗产吗？

案例

朱某的父亲前几日去世了，朱某才给父亲料理完后事，又因为继承问题而陷入了两难境地。朱某一家有四口人，除父母与自己外，还有一个弟弟小朱。父亲早年购买了一套房屋，朱某和小朱成年离家以后，这套房屋一直由朱某的父母共同居住。父亲去世以后，小朱却说这套房屋以及父亲留下来的其他财产是父亲的遗产，应由大家平分，不该由母亲一人独占。朱某却觉得，这套房屋是父母的夫妻共同财产，父亲去世以后，房屋应该归母亲所有，子女无权继承；退一步来说，母亲尚且健在，说什么也不能让母亲没房子住，就算子女有权分遗产，也不能现在就分。朱先生的想法有道理吗？

法律分析

朱某的担心其实涉及两个层面的法律问题：第一，父母一方去世，另一方健在时，子女是否有权“分得”遗产？第二，如果子女有权“分得”遗产，子女如何实际“分割”遗产？

笔记区

首先，子女是否有权“分得”遗产，实际上是夫妻共同财产问题与法定继承问题的混合。对此，《中华人民共和国民法典》第 1153 条第 1 款规定：“夫妻共同所有的财产，除有约定的外，遗产分割时，应当先将共同所有的财产的一半分出为配偶所有，其余的为被继承人的遗产。”被划作遗产的部分，如果被继承人未立下遗嘱，则按照《中华人民共和国民法典》第 1127 条确立的法定继承规则进行继承。本案中，对朱某父母共同所有的财产，应先划出一半的份额留给其母亲，剩下的一半按照法定继承处理。又由于母亲、朱某以及小朱都是法律规定的第一顺序继承人，所以三人各分得 1/3 的遗产。最终的结果是，就父亲留下的财产而言，母亲取得 2/3 的份额，朱某与小朱各取得 1/6 的份额。

其次，子女如何实际“分割”遗产，则涉及遗产分割时的诸多价值考量，本案的关键是房屋分割。总体而言，法律倡导继承人本着互谅互让、和睦团结的精神，协商处理遗产分割的时间、办法和份额等继承问题（《中华人民共和国民法典》第 1132 条）；遗产的分割应当有利于生产和生活需要，不损害遗产的效用（《中华人民共和国民法典》第 1156 条第 1 款）。最高人民法院《关于适用〈中华人民共和国民法典〉继承编的解释（一）》第 42 条特别规定，分割遗产中的房屋等财产时，人民法院应当依据有利于发挥其

笔记区

使用效益和继承人的实际需要，兼顾各继承人的利益进行处理。因此，就遗产分割的具体方案，首先应由母亲、朱某以及小朱三人进行协商。譬如，三人可以约定在母亲生前暂不分割遗产，也可以约定由母亲取得房屋的所有权，兄弟二人平分父亲留下的其他财产。如果三人协商不成，考虑母亲居住和养老的实际需要，以及母亲拥有 2/3 的财产份额，法院也将优先让母亲取得房屋，让兄弟二人就其他遗产进行分割。如果房屋价值总额超过了总财产的 2/3，可以考虑让母亲进行适当补偿，也可以考虑让母亲与儿子们共有该房屋（《中华人民共和国民法典》第 1156 条第 2 款）。

知识链接

《中华人民共和国民法典》

第一千一百三十二条　继承人应当本着互谅互让、和睦团结的精神，协商处理继承问题。遗产分割的时间、办法和份额，由继承人协商确定；协商不成的，可以由人民调解委员会调解或者向人民法院提起诉讼。

第一千一百五十六条　遗产分割应当有利于生产和生活需要，不损害遗产的效用。

不宜分割的遗产，可以采取折价、适当补偿或者共有等方法处理。

笔记区

纠纷解决技巧

老人一方去世但另一方还健在，如何妥善进行遗产分割，非常考验“法律明白人”的智慧。此种情况下，既要保障在世的老人居有定所、安享晚年，又不能过于牺牲子女的利益。此时，“法律明白人”可以劝告有关当事人念及亲情相互退让，尤其是劝说子女多关照、体谅老人的不容易，努力促成当事人达成遗产分割协议。

试题

夫妻一方去世后，关于夫妻共同财产的继承，下列说法哪一项是正确的？（　　）[1]

A. 夫妻共同财产全部归配偶所有

B. 夫妻共同财产全部由该方的继承人继承

C. 夫妻共同财产先划出一半归配偶所有，剩余部分由其他继承人继承

D. 夫妻双方可以对夫妻共同财产的继承作出特别约定

---

① 答案：D。

笔记区

47. 遗产一定要在继承人之间平分吗?

案例

王某与邓某婚后共育有一子一女。儿子王一,家境颇为殷实,但素来与父母关系紧张,15 年来没有什么往来。女儿王二,出嫁不久就生了一对双胞胎,但她与丈夫都忙于工作,无暇抚养。于是,她把老父老母接到自己家中,请父母帮忙照料孩子。此外,二老还需要替女儿、女婿打理整个家。更过分的是,女儿和女婿从来不在经济上"补贴"二老,二老碍于情面,也不开口要钱,只有靠着微薄的养老金,过着比以前更拮据的生活。一年以后,王某因意外去世,未留下遗嘱。得知老伴去世的噩耗,邓某情绪激动,突患中风,瘫痪在床。在处理王某的后事时,众人发现,王某只留下了一套婚前购买的房屋,此外,几乎没剩下什么存款。请问,王某的遗产应如何分配给各继承人呢?

法律分析

邓某、儿子王一与女儿王二,都是王某的第一顺序继承人。根据《中华人民共和国民法典》第 1130 条第 1 款,在通常情况下,王某的配偶与儿女应该均等分配王先生的遗产。然而,"一般应当均等"并不意味着"必须均等",该

笔记区

条第2款至第5款确立了可以不均等分配的几种典型情况。对此,又能进一步区分为“多分”与“不分或者少分”两类。

一方面,对于生活有特殊困难又缺乏劳动能力的继承人(《中华人民共和国民法典》第1130条第2款),以及对被继承人尽了主要扶养义务或者与被继承人共同生活的继承人(《中华人民共和国民法典》第1130条第3款),法院在分割遗产时对前者应当予以照顾,对后者则可以多分。之所以对前者多分遗产,是为了保障弱势群体的基本生活。值得注意的是,法律对此类继承人作出了严格限定,要求其既“有特殊困难”又“缺乏劳动能力”。因此,如果继承人仅陷入经济困难,但未丧失或者部分丧失劳动能力,原则上不能因此而多分遗产。而之所以对后者多分遗产,是为了给承担主要扶养义务的继承人以适当补偿,并对子女等积极扶养老人提供经济激励。

另一方面,对有扶养能力和有扶养条件却不尽扶养义务的继承人(《中华人民共和国民法典》第1130条第4款),法院在分割遗产时应当不分或者少分。这体现了法律对不履行扶养义务的继承人的否定,同时,发挥激励继承人履行扶养义务的功能。尤其需要强调的是,虽然《中华人民共和国民法典》第1130条第3款规定“与被继承人共同生活的继承人”可以多分遗产,但并不是只要与被继

笔记区

承人共同生活,继承人就一定能多分遗产。依据最高人民法院《关于适用〈中华人民共和国民法典〉继承编的解释(一)》第19条的规定,有扶养能力和扶养条件的继承人虽然与被继承人共同生活,但对需要扶养的被继承人不尽扶养义务,法院不仅可以不予以多分,还可以少分或者不分。

在本案中,邓某生活拮据又瘫痪在床,属于"生活有特殊困难又缺乏劳动能力的继承人",在分割遗产时可以得到适当照顾。儿子王一家境殷实却不履行对王某的扶养义务,甚至十余年以来都不与父母往来,应当不分遗产。女儿王二虽然与王先生共同生活,但事实上并未对王先生进行任何生活上或者经济上的扶助,反倒为其增加了更多的生活负担。因此,王二不仅不能多分财产,甚至应考虑对其少分或者不分财产。当然,更好的方案是三位继承人本着互谅互让、和睦团结的精神,协商一个合理的遗产分配方案(《中华人民共和国民法典》第1130条第5款、第1132条)。

知识链接

《中华人民共和国民法典》

第一千一百三十条 同一顺序继承人继承遗产的份额,一般应当均等。

对生活有特殊困难又缺乏劳动能力的继承人,分配遗

笔记区

产时,应当予以照顾。

对被继承人尽了主要扶养义务或者与被继承人共同生活的继承人,分配遗产时,可以多分。

有扶养能力和有扶养条件的继承人,不尽扶养义务的,分配遗产时,应当不分或者少分。

继承人协商同意的,也可以不均等。

第一千一百三十二条 继承人应当本着互谅互让、和睦团结的精神,协商处理继承问题。遗产分割的时间、办法和份额,由继承人协商确定;协商不成的,可以由人民调解委员会调解或者向人民法院提起诉讼。

最高人民法院《关于适用〈中华人民共和国民法典〉继承编的解释(一)》第十九条 对被继承人生活提供了主要经济来源,或者在劳务等方面给予了主要扶助的,应当认定其尽了主要赡养义务或主要扶养义务。

纠纷解决技巧

遗产不一定要在继承人之间均等分配,法院会根据一系列现实情况确定更妥当的分配方案。其中,继承人是否履行扶养义务是分配遗产份额时主要考虑的因素之一。如果继承人仅是与老人共同居住,但并未在事实上履行扶养义务,也可以少分或者不分遗产。当然,"法律明白人"在协调处理遗产分配问题时,还是应多为当事人创造协商的机会,以免一家人再伤和气。

笔记区

试题

关于法定继承中各继承人的继承份额,下列说法正确的是?(多选)(　　)[①]

A. 同一顺序继承人继承遗产的份额,一般应当均等

B. 对于生活有特殊困难或者缺乏劳动能力的继承人,应当予以照顾

C. 某继承人对被继承人生活提供了主要经济来源,可以予以多分

D. 某继承人与被继承人共同生活,必须予以多分

---

① 答案:AC。

笔记区

48. 尽了主要赡养义务的丧偶儿媳及其子女，可否拿双份遗产？

案例

孙某与丈夫王二结婚20年，育有一女小王。王二还有一个姐姐王一。王二的父母一直与王二一家共同生活。五年前，王二不幸出车祸身亡，孙某依然携女儿与公婆居住，彼此照料。后二老相继辞世，留下遗产共计60万元。王一认为，自己是父母唯一在世的女儿，应当有权继承全部遗产。孙某对此表示反对，主张遗产应当分作三份，王一有权拿一份，自己和女儿小王也有权各分一份。

法律分析

本案中，王一作为被继承人的女儿，无疑有权分得遗产。但问题是，被继承人的儿媳孙某、孙女小王是否同样享有分得遗产的权利。

《中华人民共和国民法典》第1129条规定："丧偶儿媳对公婆，丧偶女婿对岳父母，尽了主要赡养义务的，作为第一顺序继承人。"该条旨在弘扬中华民族的传统美德，鼓励人们恪守孝道。丧偶儿媳、丧偶女婿如果像孝敬亲生父母一样孝敬公婆、岳父母，法律便赋予其第一顺序法定继承

笔记区

人的法律地位。本案中，孙某在丈夫王二过世后仍与公婆共同生活，为他们养老送终，应当认定其对公婆“尽了主要赡养义务”。因此，与王一一样，孙某同样是第一顺序的法定继承人。

至于孙女小王的（代位）继承权，《中华人民共和国民法典》第1128条第1款规定：“被继承人的子女先于被继承人死亡的，由被继承人的子女的直系晚辈血亲代位继承。”有疑问的是，孙某也好，小王也好，都可以视为王二一家的代表。王二如果在世，只能和王一分别继承一份遗产；但如今王二去世，倘若孙某和小王可以分别继承一份遗产（相当于2/3的遗产），对王一似有不公。其实不然。小王的代位继承权与其父的继承权有关，即小王“代”王二之“位”继承遗产。但是，孙某的继承权则与王二无关，而与其有无尽到主要赡养义务的事实有关。换言之，孙某作为尽到主要赡养义务的丧偶儿媳，被法律拟制为被继承人的另一个子女。正因如此，孙某的继承权和小王的继承权互不冲突、可以并存。针对此问题，最高人民法院《关于适用〈中华人民共和国民法典〉继承编的解释（一）》第18条也有明确规定：“丧偶儿媳对公婆、丧偶女婿对岳父母，无论其是否再婚，依照民法典第一千一百二十九条规定作为第一顺序继承人时，不影响其子女代位继承。”此外，《中华人民共和国妇女权益保障法》第35条也有内容相同的

笔记区

规定。

知识链接

最高人民法院《关于适用〈中华人民共和国民法典〉继承编的解释(一)》第十九条 对被继承人生活提供了主要经济来源,或者在劳务等方面给予了主要扶助的,应当认定其尽了主要赡养义务或主要扶养义务。

《中华人民共和国妇女权益保障法》第三十五条 丧偶妇女对公、婆尽了主要赡养义务的,作为公、婆的第一顺序法定继承人,其继承权不受子女代位继承的影响。

纠纷解决技巧

对继承权纠纷,当事人协商解决永远是上策。只有大家心平气和,各自作出妥协和让步,才能从根本上解决矛盾,才有利于家庭关系的长期稳定。我国设立丧偶儿媳、丧偶女婿享有继承权的特殊规则,旨在弘扬传统美德。对以本案为代表的继承纠纷,"法律明白人"在化解矛盾的过程中,应当抓大放小,强调前述法律规定的精神。在遗产份额方面,也不妨鼓励当事人适当让步,以化解纠纷,促成协议的自动履行。

笔记区

试题

丧偶儿媳或者丧偶女婿可以成为公婆或者岳父母的继承人吗？（　　）①

A. 丧偶儿媳或者丧偶女婿尽了主要赡养义务的，可以作为第一顺序继承人

B. 丧偶儿媳或者丧偶女婿未尽主要赡养义务的，可以作为第二顺序继承人

C. 只有当丧偶儿媳或者丧偶女婿有子女时，才可以作为第一顺序继承人

D. 丧偶儿媳或者丧偶女婿不得成为公婆或者岳父母的法定继承人

① 答案：A。

笔记区

49. 再婚家庭中的继子女、亲子女，分遗产时一视同仁吗？

案例

大白父母离异。他被法院“判给”父亲老白以后，父亲带着他与继母黄某组建了新家。黄某将他当作亲骨肉，给他衣食上的保障，还将他送去县里有名的高中接受教育。老白与黄某再婚不久，又生下一子小白。大白与小白之间总有隔阂。20年以后，黄某离开人世。在商量分割遗产的时候，小白提出，大白并不是黄某的亲生儿子，不应分得遗产。大白认为自己已经在这个家生活了几十年，自己对黄某也尽了一片孝心，真的不能分得黄某的遗产吗？

法律分析

继子女是否对继父母的遗产有法定继承权，需要以《中华人民共和国民法典》第1127条为准。其为继子女的法定继承权设置了两项条件：一是姻亲关系存续；二是形成扶养关系。前者的理由在于，如果继父母之间的姻亲关系不再存续，那么继子女继承继父或者继母遗产的法律基础与生活基础便不复存在，赋予继子女继承权通常将违背继父或者继母的真实意思。而后者的难点在于，现行法并

笔记区

未提供任何“有扶养关系”的具体标准判断，需要法院通过是否共同生活、扶养的内容与程度、扶养的持续时长等因素综合判断，尤其应注重对个案中继父母真实意思的考察与推断。

总之，只有在姻亲关系存续且继父母与继子女之间存在前述扶养关系时，继子女才有权通过法定继承分得继父母的遗产。在本案中，考虑黄某曾经长期扶养大白，大白成年以后也对黄某尽孝，应该认为，黄某与大白之间属于《中华人民共和国民法典》第 1127 条的“有扶养关系”。因此，在黄某去世以后，大白有权继承黄某的遗产。

退一步说，即使黄某与大白之间尚不能构成扶养关系，即大白尚不能成为黄某的法定继承人，只要大白在黄某生前对其进行了较多扶养，也可以依据《中华人民共和国民法典》第 1131 条请求分得适当的遗产，至少具体份额法院可以根据具体情况酌定。

知识链接

《中华人民共和国民法典》

第一千零七十条 父母和子女有相互继承遗产的权利。

第一千零七十二条 继父母与继子女间，不得虐待或者歧视。

笔记区

继父或者继母和受其抚养教育的继子女间的权利义务关系，适用本法关于父母子女关系的规定。

第一千一百二十七条第三款、第四款　本编所称子女，包括婚生子女、非婚生子女、养子女和有扶养关系的继子女。

本编所称父母，包括生父母、养父母和有扶养关系的继父母。

第一千一百三十一条　对继承人以外的依靠被继承人扶养的人，或者继承人以外的对被继承人扶养较多的人，可以分给适当的遗产。

最高人民法院《关于适用〈中华人民共和国民法典〉继承编的解释(一)》第二十条　依照民法典第一千一百三十一条规定可以分给适当遗产的人，分给他们遗产时，按具体情况可以多于或者少于继承人。

纠纷解决技巧

在实际处理此类纠纷时，“法律明白人”有必要基于各种因素具体考察继父母的真实意思，判断“扶养关系”是否存在，进而决定继子女能否成为法定继承人。当然，即便继父母有意“偏心”不让继子女成为继承人，也不妨碍对继父母扶养较多的继子女基于遗产酌给制度获得适当的遗产。

笔记区

试题

关于继子女的继承权，下列哪一项说法是错误的？（　　）[1]

A. 继父母可以设立遗嘱，让继子女分得部分遗产

B. 只要继父母曾经抚养教育继子女，继子女都有继承权

C. 如果继父母与继子女之间有扶养关系，继子女有继承权

D. 如果继子女不是继父母的法定继承人，但对继父母扶养较多，可以适当分得遗产

① 答案：B。

笔记区

50. 立遗嘱必须公证吗？

案例

赵某膝下有一儿一女，并有房产两套和存款若干。赵某去世那年，曾写下一篇日记，其中有一段话，“以下是我的遗嘱：儿子赵甲，这些年对我不闻不问，让人心寒，念在父子一场，还是把40万元的小房和15万元的存款留给他；女儿赵乙，在她母亲过世后的这么多年吃了不少苦，我对她有所亏欠，那套125万元的大房和余下25万元的存款都留给她”。写毕，赵某签名、捺下手印、盖上印章并标注了日期，然后将其密封收入自己的文档柜中。

2022年年初赵某病故后，赵乙在收拾父亲遗物时发现了上述日记。她要求遵照遗嘱内容执行，但赵甲提出反对，其认为：这样一份金额如此巨大的遗嘱居然没有经过公证机构的认证，且分配如此不均，于情于理都应属无效；兄妹二人应按法定继承的规定平分全部遗产。

法律分析

考虑案涉遗产价值颇高，其中还涉及房产转让，儿子赵甲因遗嘱未办理公证而提出反对。该质疑看似合理，但问题在于，我国法律并无（遗产价值较高的）遗嘱必须公证的强制规定。相反,公证遗嘱只是遗嘱的形式之一。

笔记区

首先,《中华人民共和国民法典》第1134条至第1139条分别规定了六种遗嘱形式,满足其中任意一种形式,均为有效。其次,《中华人民共和国民法典》第1142条第3款规定:"立有数份遗嘱,内容相抵触的,以最后的遗嘱为准。"可见,虽然在一般观念上,公证的形式具有优越性,但是,公证遗嘱与其他形式遗嘱在遗嘱效力上完全等同,并无高低之分。

在本案中,赵某写于日记当中的遗嘱,属于"自书遗嘱"。《中华人民共和国民法典》第1134条对自书遗嘱提出了两点要求:一是须"由遗嘱人亲笔书写",二是须有签名并注明年、月、日,案涉遗嘱均已满足。最高人民法院《关于适用〈中华人民共和国民法典〉继承编的解释(一)》第27条对此也明确予以肯定:"自然人在遗书中涉及死后个人财产处分的内容,确为死者的真实意思表示,有本人签名并注明了年、月、日,又无相反证据的,可以按自书遗嘱对待。"

综上,赵某以日记形式订立的遗嘱在形式上符合法律的相关规定,遗嘱明确了其遗产由子女二人分别继承,且儿子赵甲仅可获得其中较少的部分,该内容不违反法律规定,是被继承人的真实意愿,应予以尊重。

笔记区

知识链接

《中华人民共和国民法典》

第一千一百三十四条 自书遗嘱由遗嘱人亲笔书写，签名，注明年、月、日。

第一千一百三十五条 代书遗嘱应当有两个以上见证人在场见证，由其中一人代书，并由遗嘱人、代书人和其他见证人签名，注明年、月、日。

第一千一百三十六条 打印遗嘱应当有两个以上见证人在场见证。遗嘱人和见证人应当在遗嘱每一页签名，注明年、月、日。

第一千一百三十七条 以录音录像形式立的遗嘱，应当有两个以上见证人在场见证。遗嘱人和见证人应当在录音录像中记录其姓名或者肖像，以及年、月、日。

第一千一百三十八条 遗嘱人在危急情况下，可以立口头遗嘱。口头遗嘱应当有两个以上见证人在场见证。危急情况消除后，遗嘱人能够以书面或者录音录像形式立遗嘱的，所立的口头遗嘱无效。

第一千一百三十九条 公证遗嘱由遗嘱人经公证机构办理。

第一千一百四十二条 遗嘱人可以撤回、变更自己所立的遗嘱。

立遗嘱后，遗嘱人实施与遗嘱内容相反的民事法律行为的,视为对遗嘱相关内容的撤回。

笔记区

立有数份遗嘱,内容相抵触的,以最后的遗嘱为准。

纠纷解决技巧

针对遗嘱效力的纠纷,首先,“法律明白人”应扮演好“普法人”的角色,阐明遗嘱的不同类型和要求,澄清“公证并非遗嘱有效的前提条件”。其次,“能调解则调解”依然是解决继承类纠纷的第一要义。为此,最好能全方位了解被继承人、继承人之间的情感关系,这样才能做好工作。此外,还应尽量向他们展示通过诉讼可能获得的判决结果,以及潜在的成本和风险;以此为前提,说服争议方各自作出一定让步,达成各方满意的调解方案。

试题

下列关于遗嘱的说法,哪一项是不正确的?(　　)[1]

A. 遗嘱人可以撤回、变更自己所立的遗嘱

B. 立遗嘱后,遗嘱人实施与遗嘱内容相反的民事法律行为的,视为对遗嘱相关内容的撤回

C. 遗嘱人立有数份遗嘱,内容相抵触的,以最后的遗嘱为准

D. 公证遗嘱的效力优先于自书继承

① 答案:D。

笔记区

51. 让他人见证遗嘱的订立，应注意哪些事项？

案例

老王和老伴一共生了三个儿子，分别为王大、王二、王三。老两口经过慎重考虑，在一天召开了家庭会议，将三个儿子都叫到身边，还叫上了一个同辈的老朋友老张以及村主任小李。经过商议，老王和老伴共同订立了一份遗嘱，大意为：老两口都过世后，将遗产分作四份，王大、王二、王三各得一份；王大的儿子王小天，作为老王的长孙，独得一份。老王和老伴都不会写字，所以遗嘱由村主任小李代为草拟，并经王家三兄弟确认。最后，老王和老伴作为立遗嘱人，小李和老张作为见证人，都在遗嘱上签字捺手印，并各自注明了年、月、日。遗嘱只有一份原件，由老两口自己保管；两位见证人、王家三兄弟都各自拿手机拍照，留作备份。

另查，王大和村主任小李的关系很好，两人还合伙开设了一家村镇企业。那么老王夫妇订立的遗嘱有法律效力吗？

法律分析

在《中华人民共和国民法典》明确承认的六类遗嘱（第1134条～第1139条）中，除了自书遗嘱、公证遗嘱，其他四

笔记区

类遗嘱（代书遗嘱、打印遗嘱、录音录像遗嘱、口头遗嘱）都有见证人的要求。其共同之处在于：第一，应当有两个以上见证人在场见证；第二，在大多数情形下（口头遗嘱除外），见证人还应当签名，并相应注明年、月、日；第三，见证人必须适格。

本案所涉的遗嘱为代书遗嘱。表面来看，案涉遗嘱均符合代书遗嘱的有关要件，但实际上，却存在见证人适格的问题。见证人适格主要有两方面的含义：第一，具有见证能力，尤其是民事行为能力；第二，与继承人、受遗赠人等没有利害关系。对此，《中华人民共和国民法典》第1140条有明确规定。最高人民法院《关于适用〈中华人民共和国民法典〉继承编的解释（一）》第24条在此基础上作了进一步的细化规定："继承人、受遗赠人的债权人、债务人，共同经营的合伙人，也应当视为与继承人、受遗赠人有利害关系，不能作为遗嘱的见证人。"本案中，村主任小李与作为继承人之一的王大具有合伙人关系，故不能作为遗嘱的见证人。案涉遗嘱因此不符合两位以上适格见证人的要求，其作为代书遗嘱无法生效。

知识链接

《中华人民共和国民法典》第一千一百四十条　下列人员不能作为遗嘱见证人：

笔记区

（一）无民事行为能力人、限制民事行为能力人以及其他不具有见证能力的人；

（二）继承人、受遗赠人；

（三）与继承人、受遗赠人有利害关系的人。

纠纷解决技巧

遗嘱的形式纷繁复杂，各类注意事项较多，因此，立遗嘱时务必谨慎。原则上，可以考虑“双保险”的做法，由遗嘱人指定内容完全相同、仅形式有所不同的两份遗嘱。以本案为例，在代书遗嘱之外，还可以考虑录音录像遗嘱（用手机录制通常的音频或视频即可）。不过，不论是订立哪一类遗嘱，对两位以上适格见证人的要求千万不可忽略，甚至也不妨请3～4位见证人在场见证，以防万一。

试题

下列哪些人不能作为遗嘱的见证人？（　　）①

A. 继承人　　B. 受遗赠人

C. 继承人的妻子　　D. 继承人的债权人

① 答案：ABCD。

笔记区

▶ 52. 遗嘱中仅载明继承份额,遗产怎么分?

案例

老王早年丧偶,一个人含辛茹苦养育大三个儿子(王一、王二、王三),并在村民帮助下在自家宅基地上盖了一套六间屋的房子。老王去世后为三个都已经成家立业的儿子留下了这一套房子,以及一份遗嘱。

老王的遗嘱上写道:"我生前所盖的这套房子,一碗水端平,三个儿子一人一份,每人1/3。"兄弟三人办完父亲的后事之后,根据这份遗嘱开始商量遗产分割的事情。三兄弟最初觉得,父亲很公平,但一琢磨马上就发现了不对劲的地方:六间屋子有大有小,功能也各不相同。一人两间,总有吃亏和占便宜的一方。另查,王一、王二早已在县城买房,只有王三一家一直以来都和老王居住在该房屋中。那么,王家三兄弟应该怎么分老王留下的这六间屋子?

法律分析

遗产分割主要有两种方式:一是实物分割,一人一份;二是价值分割,即将特定标的物拍卖或者变现,各人就所得价款进行分割。此外,还有一种变通的分割方式,即各继承人作为按份共有人,按照相应份额"共有"特定标的

笔记区

物，留待日后再作实物分割或者价值分割。

《中华人民共和国民法典》第1156条第1款规定，“遗产分割应当有利于生产和生活需要，不损害遗产的效用”。最高人民法院《关于适用〈中华人民共和国民法典〉继承编的解释（一）》第42条进一步规定，人民法院在分割遗产中的房屋、生产资料和特定职业所需要的财产时，除了应当有利于发挥其使用效益，还应当有利于“继承人的实际需要”，并“兼顾各继承人的利益”。换句话说，遗产分割有一个不可动摇的原则，即不能改变各继承人依据遗嘱或者法定继承规则所能够获得的经济价值；以此为前提，还应当考虑不同财产对不同继承人的主观价值不尽相同，应当尽可能让对特定财产主观估值更高（在生活上更需要某财产，或者利用某财产能够创造更多价值）的继承人获得该财产。

据此，在三兄弟没有达成协议的情形下，人民法院很有可能根据本案中王三居住在该房屋的实际需要，将六间房屋全部分给王三；同时，王三须向其两位兄长支付相应的金钱补偿。如果三兄弟就房屋价值未能达成一致，还可以考虑竞价取得，即出价最高者获得该房屋，并由其向两人支付金钱补偿。此外，若现实情况允许，也可以对该房屋进行拍卖或变卖，所得价款在王家三兄弟之间平分。

笔记区

知识链接

《中华人民共和国民法典》

第三百零四条 共有人可以协商确定分割方式。达不成协议，共有的不动产或者动产可以分割且不会因分割减损价值的，应当对实物予以分割；难以分割或者因分割会减损价值的，应当对折价或者拍卖、变卖取得的价款予以分割。

共有人分割所得的不动产或者动产有瑕疵的，其他共有人应当分担损失。

第一千一百五十六条 遗产分割应当有利于生产和生活需要，不损害遗产的效用。

不宜分割的遗产，可以采取折价、适当补偿或者共有等方法处理。

纠纷解决技巧

遗产分割的前提条件，是各继承人所得遗产的经济价值不受任何影响。在此前提下，各继承人通常都能成人之美，接受"不损己而利人"的安排。各继承人借此也能各取所需，之所以出现分歧，往往有沟通不畅，或者其他新旧嫌隙的缘故。"法律明白人"在介入此类纠纷时，应了解各继承人之间的关系，从法理、人情两方面双管齐下，妥善化解纷争。

笔记区

试题

关于遗产分割的具体方式，下列说法正确的是？（多选）（　　）[1]

A. 遗产中的房屋，原则上应由各继承人按份共有

B. 如果各继承人均不希望分得遗产中的房屋，也可以将该房屋拍卖或变卖

C. 如果仅有一名继承人希望分得遗产中的房屋，可以考虑让其分得该房屋，并在必要时对其他继承人进行金钱补偿

D. 遗产中的存款，必须在各继承人之间平分

① 答案：BC。

笔记区

▶ 53. 亲人去世以后,其网络账户怎么办?

案例

老李的儿子因下河游泳,不幸溺水离世。白发人送走黑发人,老李一家悲痛欲绝。含泪办理完儿子的后事后,老李被告知,儿子生前酷爱网上冲浪,有社交平台、支付平台、电子邮箱以及网络游戏等一系列网络账户。老李十分激动,虽然他是一个老庄稼汉,并不太清楚这些账户有什么用,但这毕竟是儿子的“遗物”,可以当作一个念想。老李想知道,他能“继承”儿子的网络账户吗?

法律分析

父母是子女的第一顺序继承人,可以继承子女的遗产。不过,并非子女留下的所有“遗物”,都属于可以继承的遗产。依据《中华人民共和国民法典》第1122条的规定,遗产仅包括自然人死亡时遗留的个人合法财产;依照法律规定或者根据其性质不得继承的遗产,继承人不得继承。那么,网络账户是否属于死者的“个人合法财产”,进而可以由继承人继承呢?

对此,有必要区分不同类型的网络账户。一类网络账户完全是财产性的,如支付账户与游戏账号等。具体来说，就支付账户而言，死者生前很可能在其中存有一定数额的资金，当然，也可能有一定数额的负债。游戏账户是典型的网络虚拟财产，其财产属性也不可小觑。根据游戏账户内的角色等级、属性、装备和皮肤等各项“资源”的不同，游戏账户的价格起伏也相当大，一个“抢手”的游戏账户可能具有相当可观的市场价值。对此类财产属性较强的网络账户，父母显然有权继承。当然，如果考虑支付账户的负债金额较高，导致全部遗产“资不抵债”，父母也可以选择放弃继承。

另一类网络账户则有着更显著的人格属性，如社交平台与电子邮箱的账户。此种账户的可继承性，在学理与实务中都有较大争议。理由在于，此种账户的经济价值通常寥寥，却承载了死者的隐私与个人信息，如果允许“继承”，可能与死者生前的意志相违背，同时可能侵犯第三人的隐私权与通信秘密。因此，在严格意义上，这类账户大多不能被归于《中华人民共和国民法典》第 1122 条第 1 款中“财产”的范围，或者应当构成第 2 款中“根据其性质不得继承的遗产”。在现实中，诸多社交平台的服务协议也规定不允许账户被继承。总之，人格属性较强的网络账户通常不能被继承。当然，如果被继承人生前向继承人告知了账户及密码，或者在遗嘱中载明有关信息，则属于被继承人同意继承人使用，原则上应准许继承。

笔记区

所以，本案中的老李可以继承儿子的财产性网络账户，但对社交平台等人格属性较强的网络账户，老李原则上不能继承。

知识链接

《中华人民共和国民法典》

第一百二十七条 法律对数据、网络虚拟财产的保护有规定的，依照其规定。

第一千零三十四条 自然人的个人信息受法律保护。

个人信息是以电子或者其他方式记录的能够单独或者与其他信息结合识别特定自然人的各种信息，包括自然人的姓名、出生日期、身份证件号码、生物识别信息、住址、电话号码、电子邮箱、健康信息、行踪信息等。

个人信息中的私密信息，适用有关隐私权的规定；没有规定的，适用有关个人信息保护的规定。

第一千一百六十一条 继承人以所得遗产实际价值为限清偿被继承人依法应当缴纳的税款和债务。超过遗产实际价值部分，继承人自愿偿还的不在此限。

继承人放弃继承的，对被继承人依法应当缴纳的税款和债务可以不负清偿责任。

纠纷解决技巧

网络账户有不同的功能与属性，因此对继承人与被继

笔记区

承人的意义也有所差异。财产属性的账户可以由法定继承人继承,并无争议。在具体操作上,继承人通常须向平台客服提交死亡证明、身份证明、亲属关系证明等文件,并办理相关手续。对与财产性账户相对的人格性账户的继承则涉及更复杂的价值判断,即便目前法律没有相关的禁止性规定,在现实中继承此类账户的难度依然较大。

试题

自然人去世后,下列哪一项可能无法被继承?( )[1]

A. 电子邮箱账号

B. 银行卡中的存款

C. 游戏账户里的"装备"

D. 支付账户里的理财产品

---

① 答案:A。

笔记区

▶ 54. 夫妻二人可否共同立一份遗嘱?

案例

李强与丁梅是令人羡慕的“金婚”夫妻,50多年来相濡以沫,不分彼此。一日二人决定共同立下一份遗嘱,遗嘱的内容如下:“(1)若丁梅先去世,则李强继承丁梅的所有遗产,任何人不得干涉;(2)若李强先去世,则丁梅继承李强的所有遗产,任何人不得干涉;(3)丁梅与李强均去世后,二人的孩子继承二人的遗产。”这对老夫妻想知道,法律承认此种共同遗嘱吗?

法律分析

本案涉及共同遗嘱的问题。所谓共同遗嘱,逻辑上可以分为形式上的共同遗嘱与实质上的共同遗嘱。前者是指两份以上的遗嘱被记载在同一份遗嘱中,但遗嘱之间并无内容上的关联性,实际上是多份遗嘱的简单集合,与普通遗嘱类似处理即可;后者是指两个以上的被继承人基于共同的意思所订立的、内容相互关联的遗嘱,由于各遗嘱人对财产作出的处分可能相互影响,故不同于普通遗嘱,需要特别对待。以本案为例,李强与丁梅在遗嘱中相互指定对方为继承人,并约定双方都死亡后由二人子女继承财

笔记区

产,这属于典型的实质上的共同遗嘱。

我国法律目前没有明确规定共同遗嘱的效力。但是,《中华人民共和国民法典》一般性地肯定了被继承人的遗嘱自由。从贯彻遗嘱自由,尊重被继承人意愿的角度讲,理应肯定共同遗嘱的效力。在司法实践中,法院也普遍承认共同遗嘱的合法性,并且参照适用不同类型遗嘱的法定形式要件。具体而言,自书的共同遗嘱应满足自书遗嘱的法定形式要求,而无须满足代书遗嘱的形式要求;其他形式的共同遗嘱,也需要分别满足相关遗嘱的法定形式要求。

值得注意的是共同遗嘱的撤回问题。基于遗嘱自由原则,被继承人即使订立了共同遗嘱,也有权撤回遗嘱。但考虑共同遗嘱存在内容上的关联性,法院可能会认定一方撤回遗嘱时,另一方也自动撤回遗嘱。共同遗嘱因撤回而不发生效力,之后若无其他遗嘱,应适用法定继承的规则。更复杂的问题是,夫妻一方先死亡的,在世一方能否撤回(撤销)或变更遗嘱?基于类似道理,如果共同遗嘱中存在不可分割的共同意思表示,且前述撤回或变更行为违背了该共同意思表示,则不能撤回或变更;此外则可以撤回或变更。

总之,李强和丁梅订立的共同遗嘱,只要满足普通遗嘱的法定形式要件,就是合法有效的遗嘱。立下共同遗嘱后,二人在过世之前原则上都有权撤回这份遗嘱,撤回遗嘱的后果是回复到法定继承。

笔记区

知识链接

《中华人民共和国民法典》第一千一百四十二条 遗嘱人可以撤回、变更自己所立的遗嘱。

立遗嘱后,遗嘱人实施与遗嘱内容相反的民事法律行为的,视为对遗嘱相关内容的撤回。

立有数份遗嘱,内容相抵触的,以最后的遗嘱为准。

中华人民共和国司法部《遗嘱公证细则》第十五条 两个以上的遗嘱人申请办理共同遗嘱公证的,公证处应当引导他们分别设立遗嘱。

遗嘱人坚持申请办理共同遗嘱公证的,共同遗嘱中应当明确遗嘱变更、撤销及生效的条件。

北京市高级人民法院《关于审理继承纠纷案件若干疑难问题的解答》第19条 共同遗嘱能否认定有效?在世一方能否单方撤销、变更共同遗嘱?

以夫妻双方名义共同订立的处理夫妻共同财产的遗嘱,符合遗嘱形式要件的应为有效。当事人仅以遗嘱内容为一方书写,不符合代书遗嘱相关形式要件为由请求认定遗嘱无效的,人民法院不予支持。

夫妻一方先死亡的,在世一方有权撤销、变更遗嘱中涉及其财产部分的内容;但该共同遗嘱中存在不可分割的共同意思表示,上述撤销、变更遗嘱行为违背该共同意思表示的除外。

笔记区

纠纷解决技巧

允许夫妻订立共同遗嘱既是对夫妻二人意思自治的尊重,也有利于维持生存配偶一方的正常生活,避免家庭成员争夺遗产,维护家庭的稳定与和睦。不过,尽管司法实践对共同遗嘱的态度较宽容,但该制度毕竟缺乏法律的明文规定,在实践中订立共同遗嘱仍然存在相当的不确定性。从这个意义上来说,“法律明白人”可建议当事人分别订立效果相同或相近的普通遗嘱。

试题

下列关于共同遗嘱的说法,哪一项是正确的?(　　)①

A. 夫妻双方将两份遗嘱记载于同一份遗嘱中,不符合法律规定,是无效遗嘱

B. 夫妻双方立下共同遗嘱以后,如果双方都在世,任何一方有权撤回遗嘱

C. 夫妻双方立下共同遗嘱以后,任何一方撤回遗嘱的,另一方的遗嘱不受影响

D. 如果一方已经去世,另一方不得撤回共同遗嘱的任何内容

---

① 答案:B。

笔记区

55. 父母与子女签订协议，约定遗产由儿子继承，女儿不继承，有效吗？

案例

甲、乙两人是夫妻，育有一男一女，分别为丙和丁。但甲和乙重男轻女的思想根深蒂固。在甲60大寿的家族聚餐上，甲和乙拿出一份协议，协议上载明，甲和乙所有的遗产由儿子丙继承，女儿丁不能继承任何遗产。儿子丙欣然签字。女儿丁早已习惯，且在外奋斗有了自己的事业，也爽快地签了字。丁的朋友知道此事后，认为丁不应一时冲动，而应当争取属于她的一份遗产，建议丁主张协议无效。此种情况下，甲、乙、丙、丁之间签订的协议有效吗？

法律分析

《中华人民共和国民法典》并未直接规定继承协议的问题，但是，结合法律的其他规定也能得出相关结论。根据《中华人民共和国民法典》第1133条第2款的规定，继承人可以通过遗嘱指定个人财产由法定继承人中的一人或者数人继承。此外，虽然在法定继承中，同一顺序继承人的遗产份额一般应当均等，但在继承人协商同意的情况下，也可以不均等。本案中的继承协议，既包含了被继承

笔记区

人对财产的自主安排,又包含了继承人之间对遗产分配的协商合意,符合《中华人民共和国民法典》相关规定的实际内涵,是合法有效的协议。

可能的质疑是,法律仅规定继承人可以在继承开始后放弃继承,并未规定其可以预先放弃继承权。但是,一方面,法律并未否定继承人预先弃权的自由;另一方面,继承人的弃权行为已经让被继承人与其他继承人产生了信赖,因此,应当承认此种弃权行为的效力,即使继承人事后改变心意,也须受该弃权行为的约束。

还须注意的是,虽然甲与乙订立该协议是基于重男轻女的思想,但这毕竟仅关乎丁的个人利益,在丁明确同意的情况下,不应影响案涉协议的效力。而且,假设继承协议无效,如果甲与乙执意要让丙取得全部遗产,只需另行立下遗嘱即可,完全无须丙、丁二人的介入。总之,案涉继承协议不会因为上述理由而无效。

因此,在本案中,甲、乙、丙、丁皆出于自愿而订立继承协议,该协议具有法律约束力。丁在协议订立以后反悔,不具有法律意义。按照该有效协议,甲与乙去世后,丙有权取得全部遗产,丁无法取得遗产。

知识链接

《中华人民共和国民法典》第一千一百二十四条第一

款 继承开始后，继承人放弃继承的，应当在遗产处理前，以书面形式作出放弃继承的表示；没有表示的，视为接受继承。

笔记区

纠纷解决技巧

“重男轻女”的观念是陈腐陋见，应坚决摒弃。但是，将遗产分给某一个子女的遗嘱或者继承协议却并不会因此无效。实际上遗产的不均等分配其实只需被继承人自行决定即可。继承人的意愿在法律上并不具有意义。在此背景下，本案中的丁女士若想改变遗产分配协议，只能多做父母和兄弟的工作，让父母改变心意。

试题

父母与子女签订协议，约定“遗产由儿子继承，女儿不继承”，以下哪一项说法是正确的？（　　）[1]

A. 该协议因为违背男女平等的公序良俗而无效

B. 女儿预先放弃继承权的行为不具有拘束力

C. 如果不存在其他事实，父母去世后，遗产全部由儿子继承

D. 父母如果改变心意，重新立下遗嘱，该遗嘱因为与协议矛盾而无效

---

① 答案：C。

笔记区

56. 老人可以与部分子女签订遗赠扶养协议吗?

案例

老方今年七十有三,丧偶,有一子一女。儿子长年居住在外地,很少与老方联系。女儿在县城定居,但平日里很少关怀老方。老方身边唯一值些钱的,就是自己住的屋子。一天,老方听朋友说起,同村的老赵既无配偶又无子女,于是和其邻居订立了遗赠扶养协议,由邻居负责老赵的生养死葬,老赵死后,将遗产全部赠与邻居。老方受到了启发:既然儿子没法指望,自己可以与女儿订立"遗赠扶养协议",让女儿日后多扶养自己,自己百年以后将屋子留给女儿。老方的想法在法律上成立吗?

法律分析

遗赠扶养协议,是自然人与继承人以外的组织或者个人签订的一类身份协议。其内容是,该组织或者个人承担该自然人生养死葬的义务,同时享有接受该自然人遗赠的权利(《中华人民共和国民法典》第1158条)。据此可以看出,遗赠扶养协议的确有助于保障老人的生养死葬、实现老人对财产的自由处分。但是,订立遗赠扶养协议也有严

笔记区

格的主体限制。具体来说,根据《中华人民共和国民法典》及相关规定,遗赠扶养协议的相对人须为继承人以外的组织或者个人,而不能是继承人。显然,女儿属于老方的第一顺序继承人。因此在严格意义上,老方不能与女儿订立遗赠扶养协议。

但是,如果老方真的与女儿订立了"遗赠扶养协议",约定了女儿的扶养义务,并且在协议中承诺将房屋"遗赠"给女儿,该协议也不应被认定为无效。理由在于:一方面,女儿本身就负有法定的扶养义务,即便其因为该协议而负有更重的照顾义务,也是出于其意思自治,并无不妥;另一方面,老方有处置遗产的自由,而该协议中的"遗赠"的确是老方的真实意思。尽管在我国法律上,只有将个人财产赠与国家、集体或者法定继承人以外的组织、个人才被称为遗赠(《中华人民共和国民法典》第1133条第3款),但这只是语词上的差别。协议的内容清楚无误地体现了老方处分财产的意愿,故可将此处的"遗赠"理解为"(遗嘱)继承"。因此,虽然老方与女儿订立的协议不能被称作遗赠扶养协议,但其仍然是有效的继承协议,并且可以参照适用遗赠扶养协议的规则。譬如,在老方订有该协议的情况下,如果其同时立有遗嘱,且遗嘱与协议相矛盾,应以协议优先。又如,如果女儿无正当理由不履行协议确定的扶养义务,则不仅不能继承房屋,支付的供养费用也无法

笔记区

索回。

总之,尽管老方不能与女儿订立法律意义上的遗赠扶养协议,但二人之间达成的关于扶养与继承的协议,只要不存在其他无效事由,仍然是有法律效力的。也就是说,女儿因此需要承担负责老方生养死葬的义务,老方死后,女儿可以继承老方留下来的房屋。

知识链接

《中华人民共和国民法典》

第一千一百二十三条 继承开始后,按照法定继承办理;有遗嘱的,按照遗嘱继承或者遗赠办理;有遗赠扶养协议的,按照协议办理。

第一千一百四十四条 遗嘱继承或者遗赠附有义务的,继承人或者受遗赠人应当履行义务。没有正当理由不履行义务的,经利害关系人或者有关组织请求,人民法院可以取消其接受附义务部分遗产的权利。

第一千一百五十八条 自然人可以与继承人以外的组织或者个人签订遗赠扶养协议。按照协议,该组织或者个人承担该自然人生养死葬的义务,享有受遗赠的权利。

纠纷解决技巧

虽然子女对父母负有一般性的扶养义务(也称赡养义务),但双方仍有权通过订立协议调整此种义务的具体范

笔记区

围与内容,并在协议中同时确定父母去世以后的遗产分配。这类协议在学理上通常被称作继承协议。出于对意思自治的尊重,法律普遍承认继承协议的效力。但在司法实践中,也不乏否定此类协议的声音。如果老人担心此类协议在自己去世以后被认定为无效,导致财产安排落空,也可以考虑设置附义务的遗嘱继承或者遗赠(《中华人民共和国民法典》第1144条)。不过,在处理纠纷时,还是建议“法律明白人”尽量做通子女的思想工作,让其真心实意对老人尽孝。

试题

根据法律规定,自然人甲不得与下列哪个主体订立遗赠扶养协议?(　　)①

A. 甲的儿子　　B. 甲的邻居

C. 甲的远房亲戚　　D. 当地的养老院

---

① 答案:A。

笔记区

▶ 57. 父母卧病在床，可以不管不顾，将遗产全部留给孩子吗？

案例

范先生今年50岁有余，本来是到了临近退休的年纪，但“上有老、下有小”的生活让他一点也不轻松。范先生的父母都已年迈，早就没了生活来源，需要靠范先生每月汇些生活费来勉强过活。最近，二老又双双卧病在床，需要专门雇人照料。除供养老人之外，范先生还有一个女儿。范先生只有拼命加班工作，才能基本负担全家的开销。而在退休前的体检中，范先生被确诊为胃癌晚期。躺在病床上，范先生在脑海里盘算着自己的身后事：父母的身体愈来愈差，留再多的遗产给他们也是“无底洞”。女儿还需要用钱，干脆狠下心立一份遗嘱，将遗产全部留给女儿。范先生的想法，在法律上能得到支持吗？

法律分析

遗嘱人有通过遗嘱处分遗产的自由。但是，由于遗产还须承担扶养的功能和维护基本家庭伦理的功能，遗嘱人的处分自由也有限度。一个重要的限制在于，遗嘱应当为缺乏劳动能力又没有生活来源（“双缺乏”）的继承人保留

笔记区

必要的遗产份额(《中华人民共和国民法典》第 1141 条)。也就是说,前述被保留的"必要的遗产份额"不属于遗嘱可以自由处分的遗产范围,这一制度在学理上被称为"必留份"。当然,根据相关司法解释的规定,如果遗嘱人未保留缺乏劳动能力又没有生活来源的继承人的遗产份额,也不会导致遗嘱全部无效。其后果为,在遗产处理时,首先应为该继承人留下必要的遗产,所剩余的部分才可参照遗嘱确定的分配原则处理。该方案兼顾了弱者保护与遗嘱自由,值得肯定。

回到本案,范先生的遗嘱是否应受到"必留份"制度的限制,取决于范先生的父母是否属于前述"双缺乏"的继承人。详言之,判断继承人是否"缺乏劳动能力又没有生活来源",应当按遗嘱生效时该继承人的具体情况确定。本案中范先生的遗嘱尚未生效,但如果当遗嘱生效即范先生死亡时,范先生的父母仍然在世,且缺乏劳动能力与生活来源,则在处理范先生的遗产时,首先应为其父母留下必要的遗产份额,剩余部分再由女儿继承。至于"必留份"的具体份额,法院需要在综合考量父母本可以通过法定继承取得的遗产份额、维持父母生活的必要费用、遗产的总额以及女儿的经济状况等诸多因素以后,酌定一个公允的份额。

笔记区

知识链接

《中华人民共和国民法典》

第一千一百三十条第二款 对生活有特殊困难又缺乏劳动能力的继承人,分配遗产时,应当予以照顾。

第一千一百四十一条 遗嘱应当为缺乏劳动能力又没有生活来源的继承人保留必要的遗产份额。

第一千一百五十九条 分割遗产,应当清偿被继承人依法应当缴纳的税款和债务;但是,应当为缺乏劳动能力又没有生活来源的继承人保留必要的遗产。

最高人民法院《关于适用〈中华人民共和国民法典〉继承编的解释(一)》第二十五条 遗嘱人未保留缺乏劳动能力又没有生活来源的继承人的遗产份额,遗产处理时,应当为该继承人留下必要的遗产,所剩余的部分,才可参照遗嘱确定的分配原则处理。

继承人是否缺乏劳动能力又没有生活来源,应当按遗嘱生效时该继承人的具体情况确定。

纠纷解决技巧

遗产的处理须顾及在经济上处于弱势地位的继承人。除遗嘱继承中的“必留份”制度外,在法定继承的场合亦如此。当然,由于在实际处理遗产时,如果有继承人生活特别困难,其他继承人应该是有目共睹的,此时未必非得通过法律手段实现对弱势方的保护。如果"法律明白人"动之以情,其他继承人或许也能体谅弱势方的艰辛,从而在遗产分割上自愿作出让步。

笔记区

试题

自然人甲设立遗嘱,应当要为谁保留必要的遗产份额?(多选)(　　)①

A. 精神失常、无法劳动的配偶

B. 大学毕业后在家待业的儿子

C. 仍在上学、尚未工作的女儿

D. 身患重病、生活困难的父亲

① 答案:AD。

笔记区

58. 儿女不孝，可以剥夺他的继承权吗？

案例

老孙膝下有一儿一女。女儿孙甲常年在外打工，不仅定期向家里寄钱，逢年过节还会回家看望老人。儿子孙乙居住在离老孙不远的县城，但几乎不与老孙联系。一日，老孙因不慎摔倒骨折而住院，生活不便，所以联系了儿子和女儿。儿子听闻后急忙以各种理由拒绝回来看望老孙。女儿则二话不说，放下工作，不远千里赶回来照顾。儿子的不孝让老孙非常寒心，他下定决心，不让儿子继承自己的遗产。老孙的想法可以实现吗？

法律分析

老孙的想法可以实现。首先，老孙可以通过订立遗嘱，按照自己的意思分配遗产。譬如，老孙可以在遗嘱中载明，由女儿孙甲继承大部分甚至全部遗产。合法有效的遗嘱将优先于法定继承办理。

其次，根据《中华人民共和国民法典》第 1130 条的规定，即使老孙未订立遗嘱，未尽扶养义务的儿子孙乙通过法定继承取得财产也会受到影响。

最后，如果儿子孙乙还存在更严重的“不孝”行为，还须自食丧失继承权的恶果。譬如，如果孙树遗弃老孙或者曾经严重虐待老孙，又或者伪造、篡改、隐匿、销毁老孙的遗嘱等，也会丧失继承权。不过在此情形下，如果孙乙改过自新，老孙也表示了谅解，或者事后老孙仍在遗嘱中将其列为继承人，则孙乙又可以重新获得继承权。

知识链接

《中华人民共和国民法典》

第一千一百二十五条 继承人有下列行为之一的，丧失继承权：

（一）故意杀害被继承人；

（二）为争夺遗产而杀害其他继承人；

（三）遗弃被继承人，或者虐待被继承人情节严重；

（四）伪造、篡改、隐匿或者销毁遗嘱，情节严重；

（五）以欺诈、胁迫手段迫使或者妨碍被继承人设立、变更或者撤回遗嘱，情节严重。

继承人有前款第三项至第五项行为，确有悔改表现，被继承人表示宽恕或者事后在遗嘱中将其列为继承人的，该继承人不丧失继承权。

受遗赠人有本条第一款规定行为的，丧失受遗赠权。

第一千一百三十条第四款 有扶养能力和有扶养条件的继承人，不尽扶养义务的，分配遗产时，应当不分或者

笔记区

少分。

第一千一百三十三条第二款 自然人可以立遗嘱将个人财产指定由法定继承人中的一人或者数人继承。

最高人民法院《关于适用〈中华人民共和国民法典〉继承编的解释(一)》

第六条 继承人是否符合民法典第一千一百二十五条第一款第三项规定的“虐待被继承人情节严重”,可以从实施虐待行为的时间、手段、后果和社会影响等方面认定。

虐待被继承人情节严重的,不论是否追究刑事责任,均可确认其丧失继承权。

第七条 继承人故意杀害被继承人的,不论是既遂还是未遂,均应当确认其丧失继承权。

第八条 继承人有民法典第一千一百二十五条第一款第一项或者第二项所列之行为,而被继承人以遗嘱将遗产指定由该继承人继承的,可以确认遗嘱无效,并确认该继承人丧失继承权。

第九条 继承人伪造、篡改、隐匿或者销毁遗嘱,侵害了缺乏劳动能力又无生活来源的继承人的利益,并造成其生活困难的,应当认定为民法典第一千一百二十五条第一款第四项规定的“情节严重”。

笔记区

纠纷解决技巧

“百善孝为先”。不孝的子女不仅会受到道德上的消极评价,还可能须承受法律上的不利后果,这在继承问题上体现得较明显。不过在具体处理此类问题时,“法律明白人”可以建议老人订立遗嘱,根据真实意思确定遗产的分配方案。有了“白纸黑字”的遗嘱,更能避免日后发生争议。

试题

下列情形中,哪些可能导致继承人丧失继承权?(多选)(　　)①

A. 为了争夺遗产而杀害其他被继承人

B. 过失致被继承人死亡

C. 篡改、隐匿或者销毁被继承人的遗嘱

D. 遗弃被继承人

① 答案:ACD。

笔记区

59.“父债”一定“子还”吗?

案例

张小三与父亲张三相依为命,二人靠经营一家小卖部为生。去年,张三被确诊胃癌,一年以后去世。张小三痛心不已并决定继续经营小卖部。不料,父亲刚去世不久就有债主上门讨债,声称“父债子还”。张小三这才了解到,父亲生前因手头拮据,向朋友借款20万元补贴家用,还开了这家小卖部维持生活。可是,即使算上小卖部,父亲也只为张小三留下价值10万元的遗产。张小三真的必须替父亲清偿生前的债务吗?

法律分析

“父债子还”的表述在法律上并不准确。依照《中华人民共和国民法典》第1161条的规定,我国采取限定继承的立场,即继承人仅以所得遗产的实际价值为限,为被继承人生前的债务承担清偿责任。对超出的部分,继承人并不负有清偿的义务。在本案中,张小三继承了包括小卖部在内的遗产,价值为10万元,故仅须以此为限向债务人清偿债务。剩余的10万元债务,张小三无须负责。当然,法律也不禁止张小三在有积蓄后,自愿清偿这笔债务。

此外,张小三还可以放弃继承。具体而言,张小三可

笔记区

以在遗产处理前,以书面形式作出放弃继承的表示。放弃继承的效果在于,张小三不能从张三的遗产中获取分毫利益,自然也无须对张三的债务承担任何清偿责任。

总之,法律上仅在继承人所得遗产实际价值的范围内认可"父债子还"的规则。这也彰显了人格独立的精神。本案中,不论张小三是否选择继承父亲的财产,都不会因为父亲的负债而陷入更不利的境地。

知识链接

《中华人民共和国民法典》

第一千一百六十一条 继承人以所得遗产实际价值为限清偿被继承人依法应当缴纳的税款和债务。超过遗产实际价值部分,继承人自愿偿还的不在此限。

继承人放弃继承的,对被继承人依法应当缴纳的税款和债务可以不负清偿责任。

第一千一百二十四条 继承开始后,继承人放弃继承的,应当在遗产处理前,以书面形式作出放弃继承的表示;没有表示的,视为接受继承。

受遗赠人应当在知道受遗赠后六十日内,作出接受或者放弃受遗赠的表示;到期没有表示的,视为放弃受遗赠。

纠纷解决技巧

现实中时常出现被继承人身负大额债务,但仅留下少

笔记区

量遗产的情况。对此,法律基于尊重继承人独立人格的考虑,仅令继承人以所继承遗产的实际价值为限承担清偿责任,或者直接放弃继承遗产,以避免继承人因为父辈的债务而受到不利影响。当然,法律于此只反映道德层面的最低要求,在道德层面,子女如果有心,自然也可以,也应当被鼓励替父母还清债务。在重视家族传承、商业信誉的背景下,此等口碑和信誉也具有极高的无形价值。

试题

关于“限定继承”背景下的“父债子还”,下列哪一项说法是错误的?( )[①]

A. 如果儿子选择继承父亲的遗产,则须清偿父亲生前的所有债务

B. 如果儿子放弃继承父亲的遗产,则无须清偿父亲生前的任何债务

C. 如果儿子选择继承父亲的遗产,对债务超过遗产实际价值的部分,儿子可以自愿偿还

D. 如果儿子选择继承父亲的遗产,对债务超过遗产实际价值的部分,儿子自愿偿还以后,不得请求债权人返还

① 答案:A。

笔记区

▶60. 夫妻一方在离婚前放弃对父母遗产的继承,另一方有权阻止吗?

案例

金某与钱某结婚已经20年了,如今感情不和,几近离婚。恰在此时,金某的父亲去世,留下一大笔遗产,且未立遗嘱。金某认为:若按照法定继承,金某与其母亲各自可以分得1/2的遗产,但是钱某也会因此在离婚时分得1/4的遗产;而如果自己放弃继承,先让母亲继承全部遗产,离婚时钱某便占不到丝毫便宜,而待母亲百年以后,所有的遗产还是会属于自己。于是,金某立马以书面形式表示自己放弃继承父亲的遗产。那么,钱某可以阻止金某放弃继承吗?

法律分析

根据《中华人民共和国民法典》第1062条第1款的规定,夫妻一方在婚姻关系存续期间通过继承所取得的财产,属于夫妻共同财产,除非被继承人在遗嘱中确定该财产只归夫妻一方。因此,若按照法定继承的一般规则,本案中金某通过继承取得的1/2的遗产将成为其与钱某的夫妻共同财产。在二人离婚时,钱某通常可以分得金某

笔记区

1/4的遗产。即使离婚时遗产尚未实际分割，钱某也可以等金某与其母亲实际分割遗产后另行起诉，获得相应的份额。

不过，钱某有“通常可以分得遗产”的预期，并不意味着法律将保护这一预期。继承人在离婚前放弃继承的，并不构成权利滥用，当继承人选择放弃继承时，继承人配偶不得干涉其放弃继承。根据《中华人民共和国民法典》及最高人民法院《关于适用〈中华人民共和国民法典〉继承编的解释(一)》的规定，放弃继承场景下典型的权利滥用，是指“继承人因放弃继承权，致其不能履行法定义务”。但如前所述，继承人配偶对遗产仅有不被法律承认的预期，继承人并不因此负有任何义务，故继承人放弃继承时，当然不构成“不能履行法定义务”。因此，在本案中，金某放弃继承的行为有效，钱某不得干涉。

知识链接

《中华人民共和国民法典》第一百三十二条 民事主体不得滥用民事权利损害国家利益、社会公共利益或者他人合法权益。

最高人民法院《关于适用〈中华人民共和国民法典〉继承编的解释(一)》第三十二条 继承人因放弃继承权，致其不能履行法定义务的，放弃继承权的行为无效。

笔记区

纠纷解决技巧

是否放弃继承,是继承人的自由。在处理此类纠纷时,不妨劝慰继承人的配偶:对继承而来的遗产,不妨抱一种“得之淡然,失之坦然”的态度,争取不让金钱给婚姻“添乱”。

试题

关于夫妻一方在婚姻存续期间的继承,下列哪一项说法是错误的?(　　)[①]

A. 如果被继承人没有留下遗嘱,夫妻一方在婚姻存续期间通过继承获得的财产,属于夫妻共同财产

B. 夫妻一方在离婚前放弃对父母遗产的继承,致使配偶无法通过夫妻共同财产获得预期利益的,构成权利滥用,该弃权行为无效

C. 夫妻一方在离婚前放弃对父母遗产的继承,致使其不能履行对配偶的扶养义务的,构成权利滥用,该弃权行为无效

D. 父母有权在遗嘱中确定仅由夫妻一方继承遗产

---

① 答案:B。

笔记区

测 试 题

1. 下列哪一个选项不会导致婚姻无效？(　　)

A. 一方构成重婚

B. 夫妻双方为三代以内的旁系血亲

C. 一方结婚时未达到法定婚龄

D. 一方患有重大疾病

2. 下列哪些选项属于婚姻可撤销的情形？(多选)(　　)

A. 一方因受胁迫结婚

B. 一方无业，但婚前谎称自己是公务员

C. 一方在结婚登记前隐瞒自身患有的重大疾病

D. 一方隐瞒自身负有高额债务的事实

3. 夫妻一方持续对另一方施加家庭暴力，另一方可以采取下列哪些救济手段？(多选)(　　)

A. 向法院起诉离婚

B. 向法院申请人身安全保护令

C. 离婚时向实施家庭暴力的一方主张损害赔偿

笔记区

D. 在分割夫妻共同财产时，得到适当的照顾

4. 下列哪一个选项不属于夫妻可以诉讼离婚的情形？（　　）

A. 一方有赌博、吸毒等恶习屡教不改

B. 一方离家出走满三个月

C. 一方与他人同居

D. 一方虐待、遗弃家庭成员

5. 关于夫妻离婚后的子女抚养，下列哪一个选项是正确的？（　　）

A. 一律由男方直接抚养

B. 由收入高的一方直接抚养

C. 双方可以约定轮流直接抚养

D. 若子女已满八周岁，由其决定直接扶养方

6. 关于夫妻离婚后子女抚养的费用负担，下列哪些选项是正确的？（　　）（多选）

A. 由直接抚养子女的一方负担全部费用

B. 由不直接抚养子女的一方负担全部费用

C. 双方可以协议约定子女抚养费用的分担

D. 在必要时，子女有权向父母任何一方提出超过协议原定数额的合理要求

7. 关于离婚后父母对子女的探望，下列哪一个选项属于“不利于子女身心健康”从而应当由人民法院依法中止

笔记区

探望的情形？（　　）

A. 探望方身负高额债务

B. 探望方未支付抚养费

C. 探望方与直接抚养方有严重矛盾

D. 探望方有吸毒、赌博等不良嗜好

8. 关于离婚时夫妻共同财产的分割，下列说法错误的是？（　　）

A. 法院在分割夫妻共同财产时，应照顾子女、女方和无错方的权益

B. 对隐藏、挥霍夫妻共同财产的一方，可以少分或者不分

C. 对虚构夫妻共同债务企图侵占另一方财产的，可以少分或者不分

D. 双方就夫妻共同财产的分割私自达成协议的，该协议无效

9. 下列哪些选项属于夫妻共同财产？（　　）（多选）

A. 夫妻关系存续期间，一方获得的工资和奖金收入

B. 夫妻关系存续期间，一方因债券投资获得的收入

C. 夫妻关系存续期间，一方获得的知识产权收益

D. 夫妻关系存续期间，一方获得的工伤补偿款

10. 下列夫妻一方的婚后收益，不属于夫妻共同财产的是？（　　）

笔记区

A. 一方婚前持有的公司股权，在婚后的公司分红

B. 一方婚后从父母处获得的、明确只归该方的大额赠与

C. 一方婚前个人所有的房屋婚后用于出租，对应的租金收益

D. 一方婚前的存款婚后用于购买彩票，彩票中奖的奖金

11. 下列选项中，不属于夫妻共同债务的是？（　　）

A. 一方于婚前向第三人借款，借款用于夫妻二人购置婚房

B. 婚姻存续期间，一方以自己的名义向第三人借款，借款用于家庭日常开销

C. 婚姻存续期间，一方以自己的名义为第三人借款提供保证

D. 婚姻存续期间，夫妻共同签名向第三人借款，借款用于子女上学

12. 夫妻二人自愿达成离婚财产协议，约定夫妻共同财产平均分割，但婚姻存续期间的夫妻共同债务全部由男方偿还。离婚后发现，在婚姻存续期间，女方以自己的名义向第三人借款 2 万元用于婚房装修。下列哪一项是正确的？（　　）

A. 第三人只能要求男方偿还借款

笔记区

B. 第三人只能要求女方偿还借款

C. 如果女方偿还了借款，则有权向男方追偿

D. 如果男方偿还了借款，则无权向女方追偿

13. 夫妻双方协议离婚的，自婚姻登记机关收到离婚登记申请之日起（　　）内，任何一方可以向婚姻登记机关撤回离婚登记申请？

A. 15 日　　　　B. 30 日

C. 45 日　　　　D. 60 日

14. 关于协议离婚，下列说法错误的是？（　　）

A. 夫妻双方自愿离婚的，应当签订书面离婚协议，并亲自到婚姻登记机关申请离婚登记

B. 离婚协议应当载明双方自愿离婚的意思表示和对子女抚养、财产以及债务处理等事项协商一致的意见

C. 在“离婚冷静期”内，任何一方不愿意离婚的，可以向婚姻登记机关撤回离婚登记申请

D. 如果“离婚冷静期”届满，双方均未撤回离婚登记申请的，婚姻登记机关应主动审查离婚条件是否满足。符合条件的，婚姻登记机关应予以登记，并发给离婚证

15. 在下列哪一种情况中，收养关系不得解除？（　　）

A. 收养人与八周岁以上的养子女协议解除

B. 养子女八周岁以下，收养人与送养人协议解除

C. 收养人虐待未成年养子女，送养人起诉解除

笔记区

D. 养父母与成年养子女关系恶化、无法共同生活的，养父母起诉解除

16. 甲与乙是夫妻，二人用婚后收入购买了一套房屋，该房屋登记在甲的名下。某日，甲趁乙出差，将房屋出售给善意的丙。以下说法正确的是？（多选）（　）

A. 丙支付合理的对价，是取得房屋所有权的必要条件

B. 丙取得房屋的占有，是取得房屋所有权的必要条件

C. 如果丙取得房屋的所有权，乙可以在离婚时请求甲赔偿损失

D. 如果丙未取得房屋的所有权，丙可以请求甲或者乙赔偿损失

17. 关于夫妻一方对与之有不正当男女关系的“第三者”的赠与，下列说法正确的是？（多选）（　　）

A. 一方以夫妻共同财产对“第三者”的赠与无效，以个人财产对“第三者”的赠与有效

B. 一方以夫妻共同财产对“第三者”的赠与构成无权处分，但“第三者”如果为善意，有权拒绝返还赠与财产

C. 一方以个人财产对“第三者”的赠与无效

D. 一方在离婚前将婚后收入全部转移到“第三者”的银行账户中，在离婚分割夫妻共同财产时，对该方可以少分或者不分

18. 下列哪些情形导致离婚的，无过错方有权请求损

笔记区

害赔偿？（多选）（　　）

A. 一方重婚或者与他人同居

B. 一方实施家庭暴力

C. 一方婚后患有重大疾病

D. 遗弃家庭成员

19. 关于家务劳动补偿与离婚经济帮助，下列说法正确的是？（多选）（　　）

A. 除双方另有约定外，家务劳动补偿不适用于夫妻共同财产制

B. 夫妻一方有自己的工作，但工作之余因照料老年人而负担较多义务，离婚时有权向另一方请求补偿

C. 离婚时，如果一方生活困难，另一方应当无条件给予适当帮助

D. 离婚经济帮助仅关注被帮助方的生活状况，不以帮助方的过错为前提

20. 关于男方家庭在婚前支付的"彩礼"，下列说法正确的是？（多选）（　　）

A. 彩礼是陈规旧俗，法律完全不予保护

B. 双方未办理结婚登记手续的，男方有权请求返还彩礼

C. 只要双方办理结婚登记手续又离婚的，男方就无权请求返还彩礼

笔记区

D. 双方办理结婚登记手续又离婚，但未共同生活的，男方有权请求返还彩礼

21. 自然人去世后，针对同一财产既有遗嘱，又有遗赠扶养协议的，应当按照什么办理？（　　）

A. 遗赠扶养协议

B. 遗嘱

C. 以二者中订立时间较后的为准

D. 法定继承

22. 自然人死亡后，其继承人可以继承下列哪一项“遗产”？（　　）

A. 该自然人生前持有的毒品

B. 该自然人生前享有的居住权

C. 该自然人的社交软件账号

D. 该自然人网游账号里的“稀有装备”

23. 下列关于胎儿继承遗产的说法，错误的是？（　　）

A. 遗产分割时，应当保留胎儿的继承份额

B. 应当为胎儿保留的遗产份额没有保留的，应从继承人所继承的遗产中扣回

C. 为胎儿保留的遗产份额，如胎儿出生后死亡的，由被继承人的继承人继承

D. 为胎儿保留的遗产份额，如胎儿娩出时是死体的，由被继承人的继承人继承

笔记区

24. 下列选项中,不属于第一顺序继承人的是?(　　)

A. 兄弟姐妹

B. 养父母

C. 非婚生子女

D. 尽了主要赡养义务的丧偶儿媳

25. 甲与乙是夫妻,育有丙、丁二子。丙有一子戊,丁有一子己。某日,丙因车祸去世。次日,甲因病去世,未留下遗嘱。下列选项中,哪些是甲的继承人?(多选)(　　)

A. 乙

B. 丁

C. 戊

D. 己

26. 关于法定继承中继承人继承遗产的份额,下列说法错误的是?(　　)

A. 同一顺序继承人继承遗产的份额,一般应当均等

B. 对生活有特殊困难又缺乏劳动能力的继承人,应当予以照顾

C. 继承人愿意尽扶养义务,但被继承人因有固定收入和劳动能力,明确表示不要求其扶养的,对该继承人应当少分或者不分

D. 对被继承人尽了主要扶养义务或者与被继承人共同生活的继承人,可以多分

27. 王先生与杨女士有一子小王。二人离婚后，由杨女士直接抚养小王，王先生定期支付抚养费。不久，杨女士与张先生再婚，一年后离婚，再婚期间张先生部分负担了小王的教育费用。三年后，王先生和张先生相继去世，小王可以对谁的遗产享有继承权？（　　）

A. 张先生

B. 王先生

C. 张先生和王先生

D. 小王对两人均无继承权

28. 关于遗嘱的形式，下列说法正确的是？（　　）

A. 自书遗嘱由遗嘱人亲笔书写，并有两个以上的见证人在场见证

B. 遗嘱人先立下公证遗嘱，后立下代书遗嘱，应以公证遗嘱为准

C. 打印遗嘱应当有两个以上见证人在场见证

D. 遗嘱人在危急情况下立下口头遗嘱，危急情况消除后，遗嘱人没有立下其他遗嘱的，应按照口头遗嘱办理

29. 关于遗产管理人，下列说法错误的是？（　　）

A. 继承开始后，遗嘱执行人为遗产管理人；没有遗嘱执行人的，继承人应当及时推选遗产管理人；继承人未推选的，由各继承人抽签选出遗产管理人

B. 遗产管理人应当向继承人报告遗产情况，并采取必

要措施防止遗产毁损、灭失

C. 遗产管理人因故意或者重大过失造成继承人、受遗赠人、债权人损害的，应当承担民事责任

D. 遗产管理人可以依照法律规定或者按照约定获得报酬

30. 关于遗产的分割，下列说法错误的是？（　　）

A. 遗产分割应当有利于生产和生活需要，不损害遗产的效用

B. 不宜分割的遗产，可以采取折价、适当补偿或者共有等方法处理

C. 对房屋进行实物分割会影响价值，故遗产中的房屋应以全体继承人共有为原则

D. 在分割遗产中的生产资料时，应当充分考虑各继承人的实际需要

31. 关于丧失继承权与受遗赠权，下列说法正确的是？（　）

A. 继承人杀害被继承人未遂的，不丧失继承权

B. 继承人以欺诈手段致使被继承人撤回遗嘱，情节严重的，丧失继承权

C. 继承人为争夺遗产而杀害其他继承人，被继承人表示宽恕的，不丧失继承权

D. 受遗赠人过失致被继承人死亡的，丧失受遗赠权

笔记区

32. 关于"限定继承",下列说法正确的是?(   )

A. 继承人以所得遗产实际价值为限清偿被继承人依法应当缴纳的税款和债务

B. 对超过遗产实际价值的债务,继承人自愿偿还的,事后可以请求返还

C. 继承人放弃继承的,对被继承人依法应当缴纳的税款和债务仍然负有清偿责任

D. 继承人放弃继承的,仍然应当向遗产管理人支付报酬

33. 关于放弃继承权,下列说法正确的是?(多选)(   )

A. 预先放弃继承权的行为违反了法律规定,一律无效

B. 继承人因放弃继承权,致其不能履行法定义务的,放弃继承权的行为无效

C. 继承人因放弃继承权,致其配偶不能获得预期的继承所得(夫妻共同财产),放弃继承权的行为无效

D. 遗产分割后表示放弃的不再是继承权,而是所有权

34. 关于自然人设立的遗嘱,下列说法正确的是?(多选)(   )

A. 无民事行为能力人或者限制民事行为能力人所立的遗嘱无效

B. 受欺诈、胁迫所立的遗嘱无效

笔记区

C. 遗嘱被篡改的,篡改的内容无效

D. 立有数份遗嘱,内容相抵触的,以最后的遗嘱为准

35. 继承人以外的对被继承人扶养较多的人,可以分到的遗产份额与继承人相比如何?(　　)

A. 多于继承人

B. 少于继承人

C. 与继承人相同

D. 按具体情况可多于或少于继承人

36. 关于遗赠扶养协议,下列说法正确的是?(多选)(　　)

A. 遗赠扶养协议的相对人是继承人以外的组织或者个人

B. 被继承人生前先与他人订有遗赠扶养协议,后立有遗嘱的,以遗嘱优先

C. 继承人以外的组织或者个人与自然人签订遗赠扶养协议后,无正当理由不履行,导致协议解除的,不能享有受遗赠的权利,其支付的供养费用一般不予补偿

D. 遗赠人无正当理由不履行,导致协议解除的,则应当偿还继承人以外的组织或者个人已支付的供养费用

37. 关于自然人设立遗嘱的"必留份",以下说法正确的是?(多选)(　　)

A. "必留份"的对象是缺乏劳动能力的继承人或者没

笔记区

有生活来源的继承人

B. 没有设置“必留份”的遗嘱违反了法律的强制性规定,是完全无效的

C. 遗嘱应否为某继承人设置“必留份”,应当按遗嘱生效时该继承人的具体情况确定

D. 有劳动能力的配偶、子女,不属于“必留份”的对象

38. 赵女士与方先生刚办了婚礼,尚未领结婚证,赵女士就因车祸去世。下列属于赵女士的法定继承人的是?(多选)(　　)

A. 赵女士的父母

B. 方先生

C. 赵女士与前夫所生之子

D. 赵女士与方先生未结婚时所生之子

39. 陈先生因病去世,去世时遗产由其妻子甲和两个孩子乙、丙继承。当时甲已经怀孕,故在办理继承时为胎儿保留了继承份额人民币 1 万元,但胎儿出生后仅半小时就死亡。请问该 1 万元应如何处理?(　　)

A. 由甲继承

B. 由乙、丙继承

C. 甲、乙、丙各继承 1/3

D. 甲继承一半,乙和丙各继承 1/4

40. 吴先生死后留下一套房屋,未留有遗嘱。吴先生

笔记区

有两个女儿,并收养了一个养子。养子收入丰厚,却拒绝赡养吴先生。吴先生的大女儿中年病故,留下一子。在办理丧事期间,吴先生的小女儿因交通事故意外身亡,留下一女。下列哪些选项是正确的?(多选)(　　)

A. 养子是否有继承权,应取决于其与吴先生是否有扶养关系

B. 分配遗产时,养子应当不分或少分

C. 大女儿的儿子可以基于代位继承取得遗产

D. 小女儿的女儿可以基于转继承取得遗产

参考答案

1. D	2. AC	3. ABCD	4. B	5. C
6. CD	7. D	8. D	9. ABC	10. B
11. C	12. C	13. B	14. D	15. A
16. AC	17. CD	18. ABD	19. BD	20. BD
21. A	22. D	23. C	24. A	25. ABC
26. C	27. B	28. C	29. A	30. C
31. B	32. A	33. BD	34. ABCD	35. D
36. ACD	37. CD	38. ACD	39. A	40. BCD